王登举　徐大导　编著

懒人经济

中国纺织出版社有限公司

内 容 提 要

当下社会节奏加快，时间成为稀缺资源，人们对高效便捷生活的追求催生出"懒人经济"这一新兴经济形态。其从简单代劳服务起步，如今已全面渗透到生活的多元领域，深刻改变了人们的生活与消费方式，重塑着商业底层逻辑。

本书聚焦"懒人经济"，深入剖析其背后的技术驱动因素、消费升级趋势以及商业模式迭代逻辑。同时，详细阐述智能家居、懒人食品等黄金赛道的发展情况，为读者理解其内涵和外延、把握机遇提供全面视角与有益启发。

图书在版编目（CIP）数据

懒人经济 / 王登举，徐大导编著 . -- 北京：中国纺织出版社有限公司 , 2025. 10. -- ISBN 978-7-5229 -2995-8

Ⅰ. C913.3-49

中国国家版本馆 CIP 数据核字第 2025SH6190 号

责任编辑：李 杨　　责任校对：高 涵　　责任印制：储志伟

中国纺织出版社有限公司出版发行

地址：北京市朝阳区百子湾东里 A407 号楼　邮政编码：100124

销售电话：010—67004422　传真：010—87155801

http://www.c-textilep.com

中国纺织出版社天猫旗舰店

官方微博 http://weibo.com/2119887771

山东博雅彩印有限公司印刷　各地新华书店经销

2025 年 10 月第 1 版第 1 次印刷

开本：710×1000　1/16　印张：10

字数：108 千字　定价：59.80 元

前 言

在当今社会，"懒人经济"这一概念正迅速崛起，成为推动消费市场变革和技术创新的重要力量。从最初的简单代劳服务，到如今全面覆盖智能家居、食品、健康、社区服务等多元化领域，"懒人经济"不仅深刻改变了人们的生活方式，更重塑了商业生态的底层逻辑。

"懒人经济"并非简单的懒惰，而是一种对高效、便捷生活方式的追求。在快节奏的现代生活中，时间成为最宝贵的资源之一。消费者愿意为节省时间支付溢价，从而催生了从外卖、家政到预制菜等一系列服务。这种经济模式的核心在于通过技术手段将服务流程极致简化，满足用户"以最小时间成本获取最大便利"的需求。

技术驱动：科技赋能下的"懒人经济"

随着科技的不断进步，智能设备和互联网技术的普及为"懒人经济"提供了强大的动力。从扫地机器人到语音助手，从即时配送网络到AI客服，这些技术的应用极大地降低了人们的体力和时间消耗。例如，科沃斯扫地机器人通过激光雷达导航和移动应用程序（App）远程控制功能，将清洁时间成本降低了80%；美团闪电仓则通过前置仓网络和动态备货系统，实现了"5分钟选品+15分钟配送"的极限时效。

消费升级：从"生存必需"到"懒到极致"

"懒人经济"的发展也推动了消费升级的进程。消费者不再满足于简单地解放双手或双脚，而是追求一种"优雅的偷懒"方式。这催生了智能硬件的飞速发展，如自动上下水基站的扫地机器人、可联动空调和灯光系统的智能音箱等。这些产品不仅提高了生活效率，还提升了生活品质。

商业模式迭代：轻资产、高复购率和"懒人订阅制"

"懒人经济"也催生了一系列创新的商业模式。轻资产创业成为重要趋势，企业通过减少实物资产投入、提高资金使用效率来应对市场变化。同时，高复购率和"懒人订阅制"也成为企业的盈利增长点。例如，宠物用品盲盒通过精准拿捏消费者的好奇心和追剧般的拆箱体验，实现了高复购率；而杭州某家政平台推出的"家务自动驾驶套餐"，则通过自动上门服务和智能家居联动，提高了用户的满意度和续费率。

"懒人经济"的六大黄金赛道

1. 智能家居：千亿市场的崛起

智能家居作为"懒人经济"的重要领域，正经历着前所未有的发展。从扫地机器人到声控系统，智能家居企业通过技术迭代和场景创新，为用户提供了更加便捷、高效的生活体验。例如，云鲸智能通过首创自动上下水基站，大幅提升了拖地自动化程度；追觅科技则凭借机械臂技术，实现了更高的清洁覆盖率。

2. 懒人食品革命：品类进化与供应链升级

在食品领域，"懒人经济"催生了方便面、自热火锅、预制菜等一系列产品的品类进化。这些产品不仅满足了消费者对便捷和品质的追求，还推动了供应链的深度改造。例如，"大懒人冒菜"通过中药汤底配方和标准化操作流程，显著提升了出餐效率；"叮叮懒人菜"则运用活鱼现切和 9 秒速烹技术，成功降低了餐厅菜品的价格。

3. 跑腿经济：代购、代厨、代遛狗

跑腿经济作为"懒人经济"的重要分支，通过满足人们对便捷生活的渴望，挖掘出巨大的商业价值。从传统的代购、代驾服务到新兴的代遛狗、代排队等长尾领域，跑腿服务的应用场景愈发丰富。例如，张帆的代厨创业矩阵通过"中央厨房 + 分布式厨师"的创新架构，成功撬动了市场；而校园跑腿领域的"快跑者"系统则通过三级佣金体系和场景化产品包设计，实现了盈利和用户增长。

4. 共享服务：付费自习室与社区闲鱼的资源复用

在共享服务领域，付费自习室和社区闲鱼等业态通过优化资源配置、降低用户成本，实现了资源的高效利用和商业价值的最大化。例如，上海"去 K 书"通过智能预约系统实现了座位资源的高频复用；而社区闲鱼则通过基于位置服务（LBS）定位技术和算法推荐，实现了供需匹配和精准运营。

5. 健康管理：代餐、智能健身镜与"躺着瘦"的生意

在健康管理领域，"懒人经济"催生了代餐、智能健身镜等一系列产品。这些产品通过精准狙击消费者需求、提供傻瓜式操作和即时满足模式，满足了人们对高效、便捷生活方式的追求。例如，薄荷健康通过"人工智能（AI）营养师 + 订阅制"模式，提升了用户复购率；而小度添添智能健身镜则通过"硬件降维 + 内容升维"策略，降低了用户获取

成本并提升了用户体验。

6.社区经济：懒人财富的终极战场

在社区经济中，"懒人经济"正经历着深刻的变革与升维。从代遛狗到陪诊老人的"一站式懒人方案"、从熟人配送打败美团或饿了么到社区版"闲鱼"与二手经济的二次变现、从邻里信任经济到服务整合术的深化应用，社区经济正逐步构建起一个以"生活半径500米"为核心的全新商业范式。社区经济的相关内容将独立成章，为读者系统呈现。

"懒人经济"作为一种新兴的经济形态，正以前所未有的速度崛起并深刻改变着我们的生活和消费方式。本书正是对这一新兴经济现象进行了深入剖析与全面解读，提供了一个全面而深入的视角，去理解这一新兴经济形态的内涵与外延。"懒人经济"不仅满足了人们对高效、便捷生活方式的向往，更为企业和社会带来了新的机遇与挑战。希望这本书能够为读者带来启发，共同探索"懒人经济"所蕴含的巨大潜力，为推动社会进步和创造更美好的未来贡献智慧与力量。

编著者

2025 年 4 月

目 录

第三章 　 "懒人经济"的消费心理学

第四章 　 "懒人经济"的黄金赛道

第五章　创业方法论：零门槛暴利模式

第六章　成功案例解码：如何靠"懒"年入百万元

第七章　社区经济：懒人财富的终极战场

第八章　"懒人经济"的未来：从"便利"到"无形"

第一章

"懒人经济"：
颠覆认知的财富密码

"懒"的进化史：从道德缺陷到效率追求

在人类思想与道德发展的漫长进程中，"懒惰"长久以来都被置于道德审判的焦点位置，承受着跨越千年的批判目光。中世纪的欧洲，宗教氛围浓厚，修道院作为精神与道德的重要引领场所，将"懒惰"明确列为七宗罪之一。在他们看来，"懒惰"是侵蚀灵魂、使人堕入罪恶深渊的根源。而在古老东方的中国，传统文化对"懒惰"同样持批判态度。《朱子家训》作为一部具有深远影响力的家训经典，其中"黎明即起，洒扫庭除"的训诫深入人心。这短短八个字，背后蕴含的是对勤劳的高度推崇，将勤劳视为个人修身养性、家庭和谐有序的重要根基。在传统观念里，懒惰之人难以成就大事，也无法承担起对家庭和社会的责任。由此可见，在中西方过往的社会文化中，"懒惰"都被视为一种需要摒弃的不良品性，受到了严厉的批判。

然而，工业革命的到来悄然改变了这一叙事。机器的轰鸣声中，人类第一次从繁重的体力劳动中解放双手，但流水线作业的重复性与异化感，却让"懒"从道德问题转变为生存困境的隐喻。查尔斯·卓别林在

《摩登时代》中饰演的工人，因机械化的重复劳动而精神崩溃，这一经典形象揭示了工业时代"懒"的双重性：它既是人类对压迫性劳动的反抗，也是技术理性对人性的压抑。

进入 21 世纪，"懒"的内涵发生了颠覆性变革。时间成为比金钱更稀缺的资源，高效率成为大多数人所追求的。现代社会，尤其是在中大型城市中，"时间贫困"成为普遍现象，人们在日常生活中常常感到时间不足、被日常琐事所累，甚至失去对自己生活的控制权，缺乏足够的可支配时间去完成需要做的和想要做的事情。在此背景下，"懒"不再是消极的道德标签，而是一种不得不做的理性选择：当"996"工作制耗尽年轻人的精力，他们选择用外卖替代厨房的烟火气；当短视频算法精准投喂信息，他们放弃深度阅读以换取片刻的放松；当智能家居系统一键控制灯光、温度与家电，他们将家务劳动简化为语音指令。这种"懒"的本质，是时间稀缺性下的效率博弈——消费者用金钱换取时间，用技术简化决策，用体验替代劳动。

技术进步进一步消解了"懒"的道德负担。扫地机器人将清洁工作转化为数据算法，让家务从"必须"变为"可选项"；外卖平台通过即时配送网络，将"做饭"从生存技能退化为兴趣爱好；甚至社交媒体中的"点赞文化"，也在用极简的交互方式满足人类的社交需求。"懒"成为一种可被商业化的需求，它不再是懒惰的代名词，而是技术赋能下的人类解放——从体力劳动到脑力劳动，从重复性操作到创造性思考，人类正将"懒"转化为对更高层次价值的追求。

这一转变的深层逻辑，是社会生产力的跃迁。农业社会依赖人力与畜力,懒惰意味着生存危机;工业社会依赖机器与流水线,懒惰可能引发失业;而信息社会依赖数据与算法,懒惰反而成为创新的催化剂。所以"懒"的正当性,取决于它是否推动了社会效率的整体提升。

然而,这场"懒人革命"并非没有争议。批评者认为它助长了惰性,加剧了社会分工的不平等。例如,各类便捷产品和服务让许多人养成了依赖心理,不再愿意付出努力去完成一些原本可以亲力亲为的事情;同时,这种"懒人经济"催生的新兴行业,往往集中在科技研发、服务运营等少数领域,吸引了大量的人才和资源,而传统劳动密集型产业则面临人才短缺的困境,进一步拉大了不同行业之间的收入差距,加剧了社会分工的不平等。而支持者则强调它释放了生产力,推动了技术进步。正是因为人们对便捷生活的追求,才促使企业不断创新,研发出各种提高效率的工具和服务。以自动化生产线为例,它让大量重复、繁琐的工作由机器完成,工人从繁重的体力劳动中解放出来,可以将更多的精力投入到创造性和高附加值的工作中,从而极大地提高了生产效率。同时,为了满足"懒人"们日益多样化的需求,科技企业不断投入研发,推动了人工智能、物联网等前沿技术的飞速发展,这些技术不仅改变了人们的生活方式,也为整个社会的进步注入了强大动力。不管争论如何,更普遍的现实是,懒人经济正在重塑人类与技术的关系——它让洗衣机、洗碗机、扫地机器人等成为家庭标配,也让"一键下单""语音控制"等交互方式成为生活日常。这种"懒"的渗透,本质上是对人类有限精力的重新分配:将时间从琐碎劳动中解放出来,投入教育、艺术、情感交流等更高价值领域。

从道德缺陷到效率优先，"懒"的进化史是一部人类与技术的博弈史。它既折射出技术理性对生活方式的重构，也展现出消费主义对人性需求的塑造。未来，随着 AI、物联网等技术的普及，"懒"的边界将进一步模糊——从解放双手到解放大脑，从节省时间到优化决策，懒人经济正在开启一场关于人性的商业觉醒。

中日对比下的"懒人经济"：水车、印刷术与百货店背后的商业智慧

在中国古代商业与科技发展的历史长河中，诸多创新发明不仅推动了生产力的进步，更孕育出独特的"懒商"文化，这些智慧的结晶，即便放在今日，也依然令人赞叹。

水车，作为古代农业灌溉领域的革命性发明，最早可追溯至东汉时期，到了北宋，汴京城外，其应用已极为普遍。老农王二站在田埂上，望着那不停转动的筒车，满心欢喜。筒车利用水流的自然动力，通过巧妙的机械结构，将低处的水提升至高处的农田，实现了自动提水灌溉。这一发明极大地减轻了农民的体力劳动强度，让他们从繁重的挑水灌溉工作中解脱出来。

以往，农民们需要手动浇水，耗费大量时间和精力。水车的出现，使得农田灌溉变得更加高效、便捷。而且，水车的广泛使用，还催生了一个新兴的职业：工匠带着水车图纸走村串巷，为农户安装水车，并按田亩数收取安装费。这无疑是古代"共享经济"的雏形。农户们无须自己制作水车，只需支付一定的费用，就能享受到水车带来的便利。这种模式既节省了成本，又提高了生产效率，促进了农业的发展。

活字印刷术的诞生，则是知识传播领域的巨大变革。在活字印刷术发明之前，书籍的流传主要依靠人工抄写，效率极低。一部书往往需要花费大量的人力和时间才能完成抄写，且抄本数量有限，导致书籍价格昂贵，知识的传播范围也受到极大限制。而活字印刷术的出现，彻底改变了这一局面。沈括所记载的活字印刷技术，让书籍的印刷速度大幅提高，短时间内就能印制大量的书籍。例如，原本雇二十个抄书匠一个月才能抄完的一本书，现在运用活字印刷术，三天就能印出五百本。这不仅使书籍的价格暴跌了80%，让更多的人有机会接触到知识，还催生了"知识付费"的雏形。书坊推出"订阅服务"，秀才们预付定金，就能优先拿到科举范文集等热门书籍。同时，书商们还将常用字模做成"套餐包"，客户可以按需租赁字模，这种"轻资产运营"模式，降低了客户的使用成本，进一步推动了知识的传播和文化的繁荣。

时光流转，在当今全球消费市场的大舞台上，中国式"懒商"正以独特的姿态展现出强大的活力与创新力，其背后是效率驱动的一场深刻商业革命，从基础设施的规模效应、碎片化需求的集成创新到技术赋能的普惠特性，多维度地重塑着商业格局。

基础设施的规模效应堪称这场革命的基石。移动支付、LBS定位、即时物流三大基建的深度融合完成了基础设施的规模效应。美团骑手的路径算法精准至每分钟,依靠超过2000个变量实时计算的技术支撑,这不仅仅是简单的配送优化,更是对传统消费习惯的颠覆性变革。"30分钟送达圈"成为商圈价值重新标定的新准则,消费者得以享受前所未有的便捷服务,城市商业地理也在这一过程中被重构。商家们围绕着这一高效配送体系,调整经营策略,拓展业务范围,使得整个商业生态更加紧密且高效地运转。

碎片化需求的集成创新则为"懒人经济"注入了源源不断的活力。杭州"懒人公司"的发展便是典型例证。从最初代取快递、代缴罚款等简单跑腿业务起步,逐步拓展到为企业提供活动策划、满意度调查等定制服务领域。这种商业模型聚焦于需求颗粒度的持续细化,巧妙地将城市居民0.5~3小时的碎片化时间缺口转化为商业契机,通过服务的叠加整合实现边际成本递减。集成式服务模式所蕴含的巨大市场潜力,不仅满足了消费者多样化、个性化的需求,更在资源利用和商业价值创造上实现了新的突破,为众多创业者和企业提供了全新的商业思路与发展方向。

技术赋能的普惠特性让"懒人经济"得以深入社会的各个层面。淘宝数据表明,售价9.9元的懒人支架年销量超200万件,拼多多"懒人神器"类目商品交易总额(GMV)三年增长470%。中国制造业凭借快速原型能力,能够在短短14天内完成"微创新"产品从设计到量产的全过程。这种敏捷供应链体系构建起"试用—迭代—爆款"的商业闭环，使得原本看似小众的"懒人经济"真正下沉到县域市场，为广大消费者带来便利。无论是城市还是乡村，消费者都能借助这些技术赋能的产品提升生活品质，享受便捷服务，进一步推动了"懒人经济"在全国范围内的蓬勃发展，成为中国商业创新的重要亮点与驱动力。

日本零售业同样体现出别具一格的"懒商"生态。三越百货的食品卖场精心引入 20 个地域限定品牌，阪急梅田店则将 60% 的服装设定为独家设计。这种"反规模效应"背后，是利用稀缺性创造议价空间的商业大智慧。例如，三宅一生为乔布斯定制 100 件同款高领衫，这一经典案例将"懒惰"升华至仪式感消费的层面。消费者无须纠结于搭配，却能凭借此类独特商品获得个性化标签，满足自身对于专属与便捷的双重追求。

唐吉诃德超市的"压缩陈列法"堪称零售界的创新典范。3 米高的货架、200% 的库存量（SKU）密度以及全时段营业模式，乍一看似乎给消费者制造了选择困难，然而其精心设计的动线实则巧妙地引导着顾客进行发现式购物。这种看似混乱实则有序的布局，精准地契合了现代人"懒惰但渴望惊喜"的矛盾心理，使得单店坪效达到行业平均水平的2.3 倍，充分彰显了其商业价值的重塑能力。

LOFT 文具店的产品策略则是文化赋能溢价能力的生动体现。其将便笺纸开发出 12 种场景化套装，从会议记录专用到宠物健康管理等不一而足，且定价高达普通产品的 5～8 倍。这背后反映出产品逻辑深植于"细节崇拜"的文化基因，通过极致细分为用户解放决策压力，同时借助设计叙事构建起情感溢价。相较于中国"9.9 包邮"的实用主义倾向，日本"懒商"更侧重于将便利性转化为具有精神消费属性的商品，提升产品附加值。

在商业智慧的跨文化启示方面，中日两国的"懒商"模式正逐渐相互渗透与融合。中国外卖平台以算法压缩配送时间来追求绝对效率，而日本便利店的便当开发则需要 180 天的漫长产品测试期，这种差异体现了两者在效率与相对价值深耕上的不同侧重。当下，中国盒马推出"盒马工坊"系列，日本 7-11 上线 30 分钟极速达服务，表明两种模式正在取长补短，协同发展。

优衣库的 SPA 模式（从商品策划、生产到零售一体化控制的销售形式）与中国柔性供应链虽各有千秋，但都旨在降低决策成本与制造消费冲动。在跨境电商领域，SHEIN 日均上新 3000 款与无印良品十年不换经典款形成鲜明对照，深刻揭示了"懒惰"的不同维度——选择焦虑与品质焦虑，这也促使企业在不同文化背景下探索多元化的商业发展路径。

深圳一家公司开发的"老人代际沟通服务"，在帮银发族操作智能设备的同时录制使用教程；而日本永旺超市推出的"无声购物日"，导购员通过 AR 眼镜提供无干扰服务。这些创新实践显示，真正的"懒商"并非简单地替代人力，而是用技术赋予服务场景人文温度，以人性化关怀提升商业价值与社会意义。

"懒人经济"的底层逻辑：时间成本、便捷性与人性的"惰性刚需"

在现代社会的经济架构中，时间成本已然成为懒人经济的核心算法与底层逻辑的关键支撑。依据现代经济学的基本观点，时间作为一种极度稀缺的资源，其价值在特定的情境与人群之中有着尤为显著的体现。当都市白领群体的时薪达到一定金额时，他们若选择花费 2 个小时用于买菜做饭，那么从经济账本的角度来衡量，这 2 小时所隐含的"隐性成本"极有高于时薪。然而，倘若选择外卖服务，或许仅仅只需支付较少金额的配送费，如此一来，其中所蕴含的巨大差价便清晰地呈现出懒人服务爆发式增长的潜在经济驱动力。

林小霞的"时间银行"便是一个典型例证。作为一位"90后"的河南姑娘，林小霞敏锐地捕捉到了市场中的这一需求，通过帮人代取快递、排队挂号等业务起步，凭借高效的服务与合理的收费模式，成功实现了月入过万的收入水平。据她讲述，曾经有一次客户需要跑三个药店购买特定品牌的褪黑素，她承接这一业务并收取了 200 元的费用。在她看来，这相较于自己请假去处理这些事情所扣除的工资而言，无疑是更为划算且明智的选择。如今，林小霞的跑腿团队不断发展壮大，业务范围持续拓展，涵盖了代遛狗、医院陪诊等多达 20 项服务内容，为更多客户提供了便捷的同时也进一步巩固了自身的商业地位。

智能家居安装师老王的经历同样极具代表性。在传统的装修模式下，诸如安装窗帘这类项目，往往需要耗费大量的时间与精力，不仅要精确量取尺寸、进行打孔作业，还需细致调试以确保安装效果。然而，随着懒人经济思潮的兴起，如今客户只需通过手机下单，老王及其团队便会携带先进的自动测量仪上门服务，整个安装过程仅需 2 小时即可高效完成。正是凭借这种精准对接客户需求、高效解决客户痛点的服务模式，老王的团队在懒人装修需求这一细分市场领域中取得了显著的成绩，年营收成功突破 500 万元，其业务覆盖范围甚至远至海南别墅的智能马桶安装项目，充分彰显了懒人经济模式在不同行业领域所蕴含的巨大发展潜力与商业价值。

除了时间成本之外，便捷性也已然成为科技赋能下懒人经济的重要支点，其背后蕴含着深刻的底层逻辑。从扫码点餐的普及到语音助手的广泛应用，技术的持续革新使得人们对于"懒"的需求能够精准地转化为可量化的服务产品。正如日本 7-11 创始人铃木敏文所洞察到的那般，消费者愿意多付出 30% 的价格购买切块水果，仅仅因为"削皮时间比金钱更珍贵"，这一现象清晰地揭示了便捷性所带来的溢价逻辑。

章女士的"上门代厨"便是这种便捷性驱动商业创新的生动实践。这位 39 岁的湘妹子凭借着敏锐的市场嗅觉，开创了独具特色的上门代厨服务。她携带定制调料包为客户现场烹饪，以做四菜一汤收费 68 元的价格定位，精准地契合了市场上一部分对于美食烹饪便捷化需求的消费群体。在她的业务最为繁忙的时期，一天之内能够承接 5 家客户的订单。其中有一位程序员客户，因高度认可这种便捷服务所带来的时间节省优势，连续订餐长达三个月之久，并且表示在这期间节省下来的时间使其多写出了 2 万行代码。如今，章女士所培训的多人团队将这种便捷的代厨服务推向更广泛的市场，为更多消费者提供了高效、便捷的美食烹饪解决方案，同时也为自己开创了一份稳定且具有发展潜力的事业。

宠物殡葬师阿 Ken 的故事同样深刻诠释了便捷性在现代服务行业中的商业价值。作为一位专注于满足"95 后"客户需求的宠物殡葬师，他深知当代年轻人就连面对宠物的身后事都追求"一键解决"的高效率方式。因此，他精心打造了一套涵盖上门接送、纪念视频制作以及骨灰晶石定制等全方位的服务套餐，客单价超过 3000 元。在他看来，"当代人连悲伤都要高效率"，这种便捷性与情感慰藉相结合的服务模式，恰恰满足了现代消费者在特殊情境下的复杂需求，不仅为宠物及其主人提供了有温度的告别仪式，也在这一细分领域中开拓出了一片独特的商业蓝海，展现出便捷性在新兴服务业态中所蕴含的巨大潜力与商机。

在商业世界，有一种基于人性深处的力量正悄然推动着消费市场的变革，那便是惰性刚需。行为经济学家经过深入研究发现，人类在决策过程中存在着"现状偏好偏差"，即人们从内心深处本能地抗拒改变现有状态。这种心理特质被敏锐的商家捕捉并加以利用，从而衍生出一系列独特的商业模式。

瑞典宜家所引发的"平板包装革命"便是一个经典例证。宜家巧妙地利用了消费者这种抗拒改变的心理，将原本由商家承担的运输成本以一种特殊的方式转嫁给了用户。其通过推出平板包装的家具产品，让消费者在购买后自行组装。对于消费者而言，他们虽然付出了一定的体力劳动来完成组装工作，但换来的是更为低廉的价格。这种模式看似是消费者为了省钱而接受自己组装的条件，实则是商家以一种看似公平的交易方式，满足了消费者对低价的需求以及潜在的惰性心理，让消费者甘愿支付这种因自身惰性而产生的"懒人税"。

"床吧"创业者大刘深刻洞察到学生们在学习过程中的惰性刚需。在大学城这个特殊的环境里，他开创了新式自习室。这里的设施配备极具针对性，升降床让学生们在疲惫时能够方便地休息，送餐机器人则满足了学生们在学习期间不愿中断学习去就餐的需求。尤其值得一提的是其提供的午睡套餐，包含眼罩、耳塞以及叫醒服务，精准地击中了学生们在自习过程中的痛点。相较于咖啡厅，这种专门针对学生惰性需求设计的自习室营业额竟然高出 3 倍之多，充分证明了满足惰性刚需所带来的巨大商业价值。

AI 相亲师小雨则聚焦于"00 后"在恋爱社交中的惰性问题。在这个快节奏且充满不确定性的时代，很多"00 后"连恋爱都懒得谈。小雨敏锐地察觉到这一市场空白，凭借着自身开发的先进情感算法，通过分析海量的社交数据自动生成聊天话术，帮助客户轻松维持多达 3 个"云恋人"。其中最受欢迎的"早安晚安机器人"订阅量已成功突破 10 万，这无疑显示出在恋爱社交领域，针对人们惰性所提供的解决方案有着极为广阔的市场前景，也进一步印证了惰性刚需在人性深处的商业潜力犹如一座有待深度挖掘的宝藏，只要能够精准把握并合理开发，便能创造出令人惊叹的商业奇迹。

从石器时代的骨针到今天的智能家居，人类用十万年时间证明：真正的懒惰，是对低效的永不妥协。正如那个经典段子："最懒的程序员写了最勤快的代码。"当我们在外卖 App 上为"准时宝"多付 2 元时，购买的不仅是餐食，更是时间主权；当"00 后"开着扫地机器人追剧时，他们可能在酝酿下一个改变世界的"懒人创意"。

数据透视：25～45岁群体如何撑起万亿懒人消费市场

　　"懒人经济"模式不仅是一种消费行为的转变，更是人们对生活方式和生活品质追求的一种体现。

　　科技解放双手，家电成为家庭"打工人"。在现代家庭中，各种智能家电的应用极大地减轻了人们的家务负担。以"90后"博主夏夏的日常为例，语音控制窗帘、扫地机器人清扫地面、自动擦窗机清洁窗户等，都让人们从烦琐的家务劳动中解脱出来。数据显示，智能扫地机的销量每年以50%的速度增长，自动擦窗机的销量更是暴增150%。这些家电产品的出现，不仅提高了生活质量，还为人们节省了大量宝贵的时间。一个扫地机器人可以全年省下60小时的弯腰时间，其折合时薪甚至比请钟点工还要划算。这种"按键经济学"的兴起，反映了人们对高效、便捷生活方式的追求。

　　外卖万物到家，即时满足成为"都市生存术"。当"95后"程序员小李发现可以通过外卖购买电脑配件、宠物粮甚至家电时，他戏称自己实现了"达尔文进化"，即从原始人出门觅食转变为现代人躺着等万物上门。美团数据显示，2月份家电外卖订单增长了65%，电吹风、空气净化器等生活用品的销量激增80%。更有精算师发明了"外卖经济学公式"，即当通勤1小时的时薪大于外卖配送费时，选择叫外卖就成为一种经济且合理的选择。这种即时满足的消费模式，不仅满足了人们的物质需求，更体现了现代人对时间成本的重视和对便捷生活方式的向往。

预制菜与上门服务相结合，厨房里的"时间刺客"被终结。对于许多忙碌的上班族和宝妈来说，预制菜的出现无疑是一种福音。"85后"宝妈王薇就靠老字号预制菜轻松撑起了家庭宴席。艾媒咨询数据显示，2022年，预制菜市场规模达到了惊人的4196亿元，预计2026年规模将达10720亿元。我国的预制菜及其相关企业已超过6.8万家，同时，上门做饭、收纳服务等新兴行业的出现，也让年轻人感叹："原来专业选手整理衣柜，比我谈恋爱还懂分类！"这些服务的提供，不仅让人们的生活更加便捷和高效，也让他们能够更好地平衡工作与生活的关系。

校园跑腿的故事堪称教科书级。郑州大学生H在大二时，敏锐地捕捉到了校园内代取快递的商机。起初，他仅凭单日赚取百元的代取快递服务，便迅速组建起了一支专业团队。随后，他们开发了一款便捷的小程序，整合了代取快递、零食配送到床等多项服务，使得业务范围迅速扩大。短短半年时间，他们的流水就突破了50万元。H的秘籍在于深刻理解了大学生群体的真实需求："大学生不是真懒，他们只是想把时间花在更值钱的事情上——去图书馆和谈恋爱。"这种精准的市场定位和贴心的服务，让他的创业之路越走越顺。

简而言之，"懒人经济"模式不仅反映了人们生活方式的变化，更揭示了其背后深层次的商业逻辑和未来趋势。

时间货币化是"懒人经济"的核心逻辑之一。在当今社会，时间被视为一种宝贵的资源，尤其是对于 25 ～ 45 岁的中坚群体而言。这并非因为他们天生懒惰，而是因为他们意识到时间的再投资能够带来更高的价值。因此，他们愿意为省时服务支付溢价，从而推动了诸如家政、外卖、预制菜等便捷服务的发展。

孤独经济的崛起也是"懒人经济"不可忽视的一环。随着单身人口的增加，一人份服务逐渐成为市场的新宠。迷你电饭煲、单人预制菜等商品的销量年增 45%，充分证明了这一点。这些商品不仅满足了单身人士的基本生活需求，更提供了一种便捷、高效的生活方式，让他们能够更好地享受生活。

焦虑驱动的"懒人养生学"也是"懒人经济"的一个重要表现。年轻人在追求事业的同时，也不忘关注自己的健康。他们把"懒"和养生混搭出新高度，熬夜追剧搭配即食燕窝、加班外卖佐以护肝片成为常态。这种养生方式虽然看似矛盾，但反映了年轻人对健康的重视和对生活的热爱。

展望未来，"懒人经济"将与 AI 革命产生更加深刻的交集。智能家居 3.0 时代的到来，将实现冰箱自动下单补货、AI 管家学习主人拖延症等功能，让人们的生活更加便捷、智能。元宇宙劳务外包的出现，则可能让人们只需在必要时发言，就能完成线上会议等工作。

案例拆解：日清食品、雀巢速溶咖啡——全球巨头如何靠"懒"崛起

清晨 8 点的地铁站，人潮涌动，打工人小王左手握着雀巢速溶咖啡，右手刷着日清合味道泡面的测评视频——这个场景如同一幅生动的画卷，完美诠释了当代社会的终极矛盾：我们既渴望用便捷产品偷懒，又热衷在社交媒体围观别人的偷懒创意。正是这种矛盾，催生了估值万亿的"懒人经济"。

雀巢咖啡的故事，始于一场意外的"懒人革命"。20 世纪 30 年代，化学家马克思·莫根特尔将第一勺速溶咖啡粉末冲成褐色液体时，或许他并未预见到这个发明会成为 20 世纪最伟大的"懒人快乐水"。这项技术的诞生，原本是为了解决巴西咖啡豆过剩的危机，却意外击中了人类最深层的需求——用最短时间获取咖啡因的快乐。

然而，速溶咖啡的早期推广并非一帆风顺。1940 年代的美国主妇们，一边偷偷冲泡速溶咖啡，一边对调研人员坚称"这玩意儿难喝极了"。精明的雀巢通过两组购物清单测试发现真相：主妇们害怕被贴上"懒惰"标签。于是，广告语从"60 秒享受咖啡"悄悄变成"给忙碌的

您多一刻宠爱",成功把偷懒行为包装成精致生活的象征。这个反转故事,不仅展现了雀巢对消费者心理的深刻洞察,也成了营销史上的经典案例。

就像现代年轻人用"躺平"表情包自我调侃,雀巢教会消费者:真正的聪明人,懂得用省下的时间创造更大价值。如今,全球每秒消耗5800杯雀巢咖啡,每一杯都盛满人类理直气壮的偷懒哲学。

雀巢咖啡的成功,不仅在于其产品的便捷性,更在于其深刻的市场洞察和巧妙的营销策略。它通过改变消费者的认知,将"懒惰"从一种负面标签转变为一种追求高效、享受生活的态度。这种转变,不仅推动了雀巢咖啡的全球热销,也催生了整个"懒人经济"的繁荣。

在这个快节奏的时代,雀巢咖啡以其独特的魅力,继续引领着"懒人经济"的潮流。它告诉我们,有时候,偷懒并不可怕,可怕的是缺乏发现偷懒背后价值的眼光。而雀巢,正是那个善于发现并挖掘这种价值的商业天才。

如果说雀巢是优雅的懒人导师,那么日清食品则像极了爱折腾的技术宅。自1958年安藤百福发明世界上第一包鸡汤拉面以来,日清食品就在不断创新和变革中,将方便面这一看似简单的食品"玩出了无数花样"。

在全球化的浪潮中,传统方便面曾在欧美市场遭遇了碰壁。然而,日清食品并未因此气馁,反而通过深入调研,发现了美国市场的独特需求。美国人把方便面当配菜,更爱喝浓汤。于是,日清食品大胆创新,推出了"面饼缩水30%,汤料加倍"的美式配方,并贴心地附上叉子,以满足美国人用叉子吃面的习惯。这种"把泡面做成浓汤宝"的创意,不仅让日清食品成功打入北美市场,也让消费者体验到了不一样的方便面风味。

除了产品创新，日清食品还擅长运用联名营销的策略，吸引年轻消费者的关注。2023 年，日清食品与山姆会员店推出的合味道巨型泡面桶突然爆红。这个高达 45 厘米、装有 24 杯面的"泡面权杖"，在社交媒体上引发了打卡狂潮。看似无厘头的设计，实则精准命中了年轻人的社交货币需求。它既满足了年轻人囤货的懒惰心理，又为他们提供了朋友圈晒图的素材。这种联名营销的方式，不仅提升了日清食品的品牌影响力，也进一步增强了其与消费者之间的互动和联系。

日清食品的成功，不仅在于其产品的多样化和营销策略的巧妙，更在于其对消费者需求的深刻洞察与满足。在这个快节奏的时代，日清食品不断创新，将方便面这一传统食品"玩出了新花样"。它通过产品创新和联名营销等方式，满足了消费者对于便捷、美味和社交需求的追求。同时，日清食品也保持着对消费者反馈的敏锐感知，不断优化产品，提升服务质量。这种以消费者为中心的理念，让日清食品在激烈的市场竞争中脱颖而出，成为方便面界的佼佼者。

在当今这个快节奏的时代，现代企业的"偷懒"艺术已经超越了基础功能，进化成了一种更为高级的商业形态。这种形态不仅满足了消费者的基本需求，更在精神层面给予了他们极大的慰藉和满足。无论是雀巢还是日清，现在依然在持续不断地进行创新。

雀巢在云南普洱建立的全球首个咖啡中心就是这一趋势的生动体现。农民通过手机 App 就能接收种植指导，这种科技带来的便利性，像极了当代都市白领的生存哲学：你可以懒得学习咖啡种植技术，但不能拒绝科技带来的便利。这不仅提高了咖啡的产量和品质，也让消费者能够更方便地享受到优质的咖啡。而雀巢推出的"冰咖师"浓缩液，更是将 DIY 拿出仪式感发挥到了极致，只需轻轻一挤，就能享受到如同星冰乐般的美味咖啡，为消费者带来了全新的体验。

日清食品则在面对中国方便面市场萎缩的困境时，展现出了强大的创新力。一方面，它与《阴阳师》联名推出限定包装，将泡面吃成了"二次元门票"，这种跨界合作的方式不仅吸引了大量年轻消费者，还让泡面成为一种文化符号。另一方面，日清开发出加水自热的宇航员拉面（太空拉面），让消费者连烧水都省了，这种创新产品无疑满足了消费者对于便捷性的极致追求。这些举措都印证了一个商业真理：懒人的钱，要站着（甚至躺着）挣。

在懒人经济的新赛道上，巨头们的创意比拼愈发疯狂。日清开发的遇热变色杯面，当图案变成皮卡丘时，就是最佳食用时机，这种趣味性的设计让消费者在享受美食的同时，也能感受到乐趣。而方便火锅也开始内卷，某品牌推出的自热煲仔饭，吃完后连碗都不用洗，这种产品无疑将便捷性做到了极致。

这些创新揭示了一个残酷真相：在懒人经济领域，没有最懒，只有更懒。企业需要不断地满足消费者日益增长的便捷性需求，才能在激烈的市场竞争中立于不败之地。同时，这些创新也为我们提供了更多的思考和启示，让我们更加深入地理解了懒人经济的内涵和价值。

第二章

"懒人经济"的底层逻辑：人性与商机的共谋

人性驱动：即时满足、省力哲学与"躺平"背后的心理需求

驱动"懒人经济"这一经济现象的，正是以下三大心理引擎：即时满足、省力哲学以及"躺平"背后的心理需求。

即时满足，是懒人经济中最直观的心理引擎。在外卖平台，用户从下单到拆开餐盒的平均忍耐时长仅为 38 分钟，这体现了消费者对于快速获得服务的渴望。某"90 后"创业者开发的"10 分钟极速美甲"服务，更是将即时满足的理念发挥到了极致。在写字楼电梯间设置移动美甲站，利用午休时间提供"即刷即走"的服务，单日客流量最高达 200 人次。这种商业模式，精准击中了都市人"想要立刻拥有"的原始冲动，让忙碌的都市人群能够在最短的时间内享受到所需的服务，满足了他们对于效率和即时性的追求。

省力哲学则体现了能量守恒定律在商业中的演绎。衣橱整理师邓美的故事就是这一心理引擎的生动例证。这位"90 后"女孩发现，月薪 3 万的白领女性愿意支付 1000 元 / 小时的服务费整理衣柜，只为节省早晨搭配衣服的时间。她创造的"彩虹色谱整理法"，将客户衣橱按色系

排列，搭配好的套装拍照存档，让客户每天扫码即可获取穿搭方案。这项服务不仅解救了选择困难症患者，还催生出了"胶囊衣橱规划师"等新职业。这些服务通过简化决策过程和减少日常任务，帮助人们节省时间和精力，从而让他们能够更加专注于更重要的事情。

"躺平"背后的精神刚需，则是懒人经济中更为深层次的心理需求。某互联网大厂程序员辞职开"树洞咖啡馆"，提供"不社交套餐"：顾客可购买3小时安静办公套餐，包含降噪耳机租赁、自动续杯系统和隔音舱服务。出人意料的是，这种反社交场景月均营收超20万元，验证了当代年轻人"群体性孤独"背后的市场需求——既要参与社会协作，又要保留独立空间的心理平衡。这种需求反映了现代社会中人们对于个人空间和内心平静的渴望，他们希望通过某种方式来摆脱社会的喧嚣和压力，找到属于自己的宁静之地。

自热火锅的逆袭，是懒人经济中一个典型的成功案例。"自嗨锅"创始人敏锐地捕捉到了露营爱好者的需求，他们既想享受野炊的乐趣，又不愿处理食材清洗、燃料准备等繁琐流程。于是，一款带发热包的便携火锅应运而生，其独特的冷水自动加热设计，让产品迅速走红市场，年销售额突破10亿元。客户调侃道："这火锅比我还会自己努力。"这句话形象地表达了消费者对这款产品的喜爱和认可。

智能家居的"懒人税"，也是懒人经济的一个重要组成部分。某智能家居品牌推出的"早安模式"系统，通过自动拉开窗帘、播放新闻、启动咖啡机等功能，让主人在起床时就能享受到便捷、舒适的生活。尽管整套系统售价高达8万元，但购买者中80%是声称要"躺平"的"90后"。他们认为，这是用昨天的努力购买明天的安逸，这种消费观念的转变，为智能家居市场带来了巨大的商机。

宠物托管界的"云养猫"，则是懒人经济与宠物文化的完美结合。"喵星人度假村"通过提供全程直播的宠物托管服务，让主人随时可以通过 App 观看爱宠动态。更绝的是"假装在家"功能，工作人员会按主人设定的时间开关灯、播放电视声，让宠物保持原有作息。这项服务单日收费 300 元，节假日需提前三个月预约，其受欢迎程度可见一斑。

无人便利店的"沉默经济"，也是懒人经济中的一个亮点。在深圳科技园，某 24 小时无人便利店推出"三无购物体验"：无店员问候、无推销打扰、无扫码步骤（采用 RFID 自动识别）。这种反传统设计反而吸引大量社恐人群，复购率比传统便利店高出 40%。有消费者留言："终于不用对着空气说'我随便看看'了。"这句话表达了他们对这种购物方式的喜爱和认可。

然而，懒人经济如同一枚硬币，拥有两面截然不同的面貌。它既是时间管理的艺术，也是能力退化的推手；既为人们带来了前所未有的便捷，也引发了一系列社会问题。然而，正是这一矛盾体，推动着我们不断思考和探索。

"懒人服务包月卡"开始侵蚀年轻人的生活能力，外卖垃圾成为城市治理难题，这些问题不容忽视。但真正的懒人经济，不该是能力退化的推手，而应是时间管理的艺术。某智能家居用户说得好："我花钱买时间不是为了躺平，而是为了把精力留给真正重要的事。"这种认知转变，正在推动行业向"赋能型懒惰"进化。健身镜品牌将私教课程碎片化，让用户利用刷牙时间完成形体训练，这正是"赋能型懒惰"的生动体现。

当"懒"成为科技创新的源动力，我们将看到更多惊人的变革。生物识别技术正在催生"无感支付"场景，脑机接口可能实现"意念点单"，量子计算或许能破解"选择困难症"。这些看似荒诞的创新，正在重构我们对"懒惰"的价值认知。某科技公司开发的"决策优化器"，通过分析用户历史数据自动选择餐厅、电影甚至约会对象，使用者坦言："虽然失去了选择的乐趣，但再也不用为'随便'吵架了。"这些创新，让我们看到了"懒"的无限可能。

在这场由人性驱动的商业变革中，"懒"不再是道德批判的对象，而是洞察需求的密码。从石器时代的省力工具到数字时代的智能服务，人类始终在用智慧兑换闲暇，用创新重塑生活。正如某位"懒人经济"从业者的自白："我们贩卖的不是懒惰，而是每个人心底那个想过得更从容的自己。"

在未来，懒人经济将继续引领科技创新的潮流。我们将看到更多的"黑科技"涌现，让生活变得更加便捷、高效。同时，我们也需要清醒地认识到，懒人经济并非万能之药，它也可能带来一系列社会问题。因此，我们需要在享受便捷的同时，关注其潜在的负面影响，并积极寻求解决方案。只有这样，我们才能让懒人经济真正成为推动社会进步的力量。

科技赋能：智能家居、AI与自动化如何解放双手

清晨 7 点，当第一缕阳光透过窗帘的缝隙，轻轻地洒在床头，智能音箱便开始播放起那熟悉的《卡农》旋律，轻柔而悠扬，仿佛是大自然的闹钟，温柔地唤醒着主人。随着音乐的流淌，窗帘也自动根据阳光的角度调节透光率，让房间内的光线始终保持在最舒适的状态。此时，咖啡机也开始忙碌起来，研磨着新鲜的阿拉比卡豆子，那浓郁的咖啡香与轻柔的音乐交织在一起，构成了一幅温馨而惬意的清晨画卷。

当主人打着哈欠从卧室里缓缓走出时，迎接他的是一个井然有序、清新整洁的家。扫地机器人已经默默地完成了它的使命，将昨夜猫主子打翻的花瓶碎片清理得无影无踪，只留下一地的光洁与宁静。空调也自动将室温维持在 23.5℃的黄金体感温度，让主人感受到前所未有的舒适与惬意。

在苏州独居的程序员小王，就是这群被科技宠坏的"懒人"中的一员。他最近把家里改造成了《星际穿越》同款智能舱，通过语音指令，就能轻松掌控家中的每一个角落。他可以让冰箱汇报食物的保质期，确

保食材的新鲜与健康；可以让洗衣机根据衣物的材质匹配最佳的洗涤模式，让衣物洗得更加干净、柔软；甚至可以在如厕时，让马桶播放起《科技前沿》的播客，让每一刻时光都充满知识与乐趣。

小王得意地展示着手机里那 17 个智能家居 App，每一个都是他精心挑选、定制的"懒惰神器"。他说："自从教会了扫地机器人识别猫毛，我家主子再也没被吸尘器追着满屋跑了。现在，我只需要一句话，就能让整个家按照我的意愿运转起来。这种'懒惰'，其实是一种更高效、更智能的生活方式。"

确实，对于小王这样的年轻人来说，科技的发展不仅带来了前所未有的便捷与舒适，更让他们能够从烦琐的日常事务中解脱出来，去追求更加丰富多彩、有意义的生活。他们享受着科技带来的"懒惰特权"，同时也在用科技创造着更加美好的未来。如今随着科技的发展，四大懒人神器正在"飞入寻常百姓家"。

第一，智能管家，作为当代生活的指挥官，正悄然改变着我们的生活方式。某品牌智能中控屏的用户画像显示，最受欢迎的三条语音指令依次是："关闭所有灯""明天天气如何""播放助眠白噪声"。北京白领小林对此深有体会，他表示："自从教会小度识别'毁灭模式'指令，下班路上发个消息，家里空调、加湿器、空气净化器就会集体启动待命。"这种智能化的生活场景，让小林能够更加专注于工作，享受生活的每一刻。

第二，AI 厨师——这位厨房里的米其林学徒，正用它的味觉算法征服着无数美食爱好者的心。广州美食博主"AI 食神"最近走红网络，她用智能炒菜机制作的宫保鸡丁视频点击破百万。秘密在于炒菜机搭载的味觉算法——通过分析 256 位粤菜大厨的手艺，能自动调整火候和调料配比。她调侃道："现在连'少许盐'这种描述，机器人都能精确到 0.3 克。"这样的精准烹饪，让每一道菜肴都达到了米其林级别的水准。

第三，自动化清洁战队，它是上海宝妈李姐家的得力助手。擦窗机器人每月定期表演高空芭蕾，将窗户擦拭得干干净净；洗碗机把餐具码放得比餐厅还整齐；就连婴儿床都配备自动摇床功能。李姐笑称："自从买了自动猫砂盆，我家猫主子如厕后还会触发新风系统，彻底终结'铲屎官'的宿命。"这些自动化设备，让李姐能够更加轻松地照顾家庭，享受与家人共度的美好时光。

第四，预见性服务系统，它在杭州某智能小区得到了完美应用。物业经理透露，他们的 AI 系统能提前预判业主需求：当电梯摄像头识别到住户拎着超市购物袋时，楼道照明会自动调亮 30%；检测到独居老人 24 小时未出门时，系统会触发安全确认流程。有业主调侃："现在连'懒得出门'都能被科技预判了。"这样的预见性服务，让小区居民感受到了前所未有的关怀与温暖。

你可别以为"懒人经济"目前还不成熟，事实上已经有很多人从中获取了财富。

婚礼策划师阿米，就是其中的佼佼者。他发现，利用 Midjourney 生成设计图，不仅比手绘快 10 倍，而且还能根据客户输入的爱情故事，生成专属的主题方案。这种"AI 婚庆设计套餐"，让每一对新人都能拥有独一无二的婚礼体验。有对新人要求把相遇的奶茶店做成婚礼主背景，AI 生成的设计图竟然连杯底的珍珠数量都和他们初遇时一致，这让新娘当场泪目。阿米的月营收也因此突破了 20 万元，证明了"懒人经济"的巨大潜力。

数字艺术家林某，同样在 AI 的帮助下，创造出了令人惊叹的作品。他利用 AI 技术，创造出了"青铜器汉堡""青花瓷可乐"等爆款作品，这些脑洞大开的混搭美学，受到了市场的热烈欢迎。某国际快餐品牌甚至买下了他的"故宫外卖系列"，单幅作品报价达 5 位数。林某还计划训练 AI 学习《千里江山图》笔法，并准备进军非同质化通行证（NFT）市场，开启艺术创作的新篇章。

与此同时，失业 3 个月的张先生也在线上开起了"AI 简历诊所"。他用 GPT-4 帮客户优化简历，并开发了"STAR 法则增强器"和"JD 匹配算法"，让求职者的面试率提升了 47%。其中最令人称奇的是，一位客户原本只写了"擅长使用办公软件"，但在 AI 的帮助下，改成了"精通 VBA 自动化报表，年节省 1200 工时"，结果第二天就收到了涨薪通知。张先生的成功，再次证明了"懒人经济"的魅力所在。

在这场全民参与的"懒人运动"中，科技企业正展开奇妙军备竞赛。某卫浴品牌推出了"如厕幸福指数检测马桶"，能根据体脂率推荐膳食方案；深圳某公司研发的"智能被窝"内置 18 个温区，号称"让情侣不再抢被子"；更有创业者开发出了"自动撸猫手套"，解决宠物主出差时的撸猫刚需。这些创新的产品，让我们的生活变得更加便捷、舒适。

然而，享受便利的同时也需保持清醒。某网络安全公司发现，有黑客通过破解智能咖啡机窃取用户信息数据。这提醒我们，在享受科技带来的便利时，也要时刻关注个人信息的安全。正如那位开发出日入 6 万美元 AI 写作工具的 David 所说："我们教会机器理解人性，也要记得守住人性的底线。"

相信在不久的将来，"懒人经济"与科技的奇妙交织将继续推动社会的进步。新物种"智能管家"们正悄然进化，它们比人类更懂如何制造"恰到好处的懒惰"。在这场科技与"懒癌"的博弈中，真正的赢家或许是那些既会享受智能红利，又懂得以创造力驾驭科技的人。毕竟，推动世界前进的从来不是躺平本身，而是人类对"更优雅地躺平"的不懈追求。

消费升级：从"生存必需"到"懒到极致"的服务迭代

曾几何时，"懒"被视作一种原罪，人们普遍认为懒惰是阻碍进步和成功的绊脚石。然而，随着时代的变迁，"懒"却悄然披上了合法的外衣，摇身一变成为推动消费升级的隐形引擎。

回溯懒人经济的萌芽期，它最初仅仅源于人们对基础需求的便捷化追求。在那个阶段，服务商们瞄准的是"让基础需求触手可及"。还记得 2015 年的郑州，许雅菁花费数万元给自家窗帘装上智能模块的举动，在当时被邻里视为"钱多烧得慌"。然而，时代总是在不经意间发生着翻天覆地的变化。当外卖平台如雨后春笋般涌现并迅速普及，人们惊喜地发现：原来无须出门，只需轻点手机屏幕，热腾腾、香喷喷的饭菜就能送到家门口。这种解放双腿的快乐，远比想象中更让人上瘾，也正式拉开了懒人经济的大幕。

在这场"懒人经济"的大潮中，无数创业者嗅到了商机，纷纷涌入这一领域。其中，杭州的"90后"创业者小王就是一个典型的例子。他敏锐地察觉到周边写字楼白领每天最大的纠结就是"想喝奶茶又怕排队"。于是，他灵机一动，组建了一支"奶茶代购突击队"，骑着电动车穿梭于20家奶茶店之间。顾客只需在微信群里发个订单，在很短时间内就能收到插着吸管、温度恰到好处的冰奶茶。这种创新的服务模式迅速赢得了白领们的青睐，高峰期时，小王的队伍日均配送量高达500杯。小王得意地调侃道："我们卖的不是奶茶，而是白领的时间赎回券。"

懒人经济的兴起，本质上是一场人类与时间的博弈。在这个快节奏的时代，时间变得异常宝贵，人们开始用金钱去交换时间，以获得更加便捷、舒适的生活体验。同时，这更是一场关于生活品质的温柔革命。从最初的生存必需，到如今的"懒到极致"，懒人经济正不断推动着服务质量的提升和消费模式的创新，让我们的生活变得更加丰富多彩。

当基础需求被满足后，人们对于"懒"的追求便不再局限于简单地解放双腿或双手，而是开始追求一种"优雅的偷懒"方式。这种转变催生了智能硬件的飞速发展，让懒人经济进入了一个全新的阶段。

在这个阶段，扫地机器人成为家庭清洁的新宠。从最初的"撞墙式探索"到如今能够自动洗拖布，甚至自己倒垃圾，扫地机器人的功能不断升级，让人们从烦琐的家务劳动中彻底解脱出来。就像张璐璐家的扫地机，三年换了三代，最后那台能自动处理垃圾的机器被她戏称为"田螺先生"。这个昵称不仅体现了对扫地机器人功能的认可，也反映出人们对这种智能设备带来的便捷生活的欣喜。

与此同时，智能家居的爆发更是让人忍俊不禁。现代科技的发展，使得家庭生活变得越来越智能化。当代青年早晨的起床流程，已经从传统的"关闹钟→洗漱"变成了"小爱同学，拉开窗帘→煮咖啡→播新闻"的三连语音指令。简单的语音控制，就能让家庭设备按照人们的意愿运作，大大提高了生活效率。这种智能化的生活方式，不仅让人们能够更加从容地面对忙碌的一天，也体现了科技进步对生活品质的显著提升。

在这场智能硬件的狂欢中，还诞生了许多富有创意和商业头脑的年轻人。大学生小李就是其中之一。他发现深夜宿舍关灯总要引发"谁去按开关"的世纪难题，于是灵机一动，批量采购了声控开关贴片。这些小小的贴片，贴上宿舍门后瞬间变成了校园网红产品。同学们只需简单一声令下，灯光就能随之熄灭，无须再起身去摸索开关。这个成本仅8元的小玩意，却让小李月入过万元。正是这种看似微不足道的小创新，却反映出年轻人对生活品质追求的细微变化。

智能硬件的狂欢，不仅改变了我们的生活方式，也推动了相关产业的发展。越来越多的企业开始投入到智能硬件的研发和生产中，为消费者提供更加便捷、智能的产品。而消费者对于智能硬件的接受度和依赖度也在不断提高，形成了一个良性循环。

在这个追求效率阶段，我们看到了科技与生活的完美融合。智能硬件的出现，让我们的生活变得更加轻松、便捷，也让我们有更多的时间和精力去享受生活、追求品质。未来，随着科技的不断进步和创新，我们有理由相信，懒人经济将带来更多意想不到的惊喜和便利。

时代的车轮滚滚向前，懒人经济已经迈入了一个全新的阶段——"既要省事又要体面"。在这个阶段，服务业成了懒人经济的重要战场，通过精耕细作，为消费者提供了前所未有的便利和体验。

在郑州某小区，一项名为"云菜篮"的服务悄然兴起。业主们只需在电梯里扫码下单，新鲜食材就会如同魔法般出现在入户门把手上。这种服务不仅节省了购物的时间，还让人们感受到了前所未有的便捷。而贵阳的蜗牛社区更是将这种便捷发挥到了极致，他们把快递柜改造成了"生活百宝箱"。在这里，取快递的同时，还可以顺便寄洗羽绒服、预约保洁阿姨，甚至连宠物疫苗都能就地解决。这种一站式的服务模式，让居民们的生活变得更加轻松自在。

在追求便捷的道路上，创新者们从未停止过脚步。"90后"美甲师小林就是一个典型的例子。她把运动型多用途汽车（SUV）改造成了"移动美甲沙龙"，后备箱展开就是美甲操作台，车顶还架着"随叫随到"的LED广告牌。她专门服务那些"想美甲又懒得出门"的客户，最高纪录一天能跑8个小区，月收入竟然是实体店的三倍。虽然小林自嘲这是"服务业的体位创新"，但她的成功却揭示了一个深刻的道理：只有不断创新，才能满足人们日益增长的懒需求。

然而，懒人经济的发展并未就此止步。前沿科技正在不断挑战"懒"的边界，为我们带来更加震撼的体验。某科技公司推出的"意念点餐头盔"，靠着脑电波识别就能下单外卖；深圳出现的"AI喂饭机器人"，能根据咀嚼声调整喂食节奏；北京某高端社区的"全息购物走廊"，更是让人们穿着睡衣溜达时就能挥挥手把虚拟货架上的商品加入购物车。这些看似科幻的场景，正逐渐走进我们的现实生活。

在这场懒人革命中，宠物店主老赵也不甘落后。他研发出了带自动避障功能的遛狗无人机，狗绳另一端绑着摄像头和零食投喂器。主人躺在沙发上就能通过 VR 眼镜"云遛狗"，还能远程扔飞盘。这项服务让他的店铺在短视频平台上爆火，甚至最远接到过澳大利亚华人的订单。

从外卖骑手到智能家居，从跑腿代购到脑控设备，这场"懒人革命"本质上是对时间价值的重新定义。当省下来的时间能创造更大价值时，"懒"便成了技术创新的催化剂。我们或许正在见证人类文明最有趣的进化方向：一个坐在智能沙发上刷着短视频、吃着机器人削的苹果的当代青年，正笑着对你说"我不是真的懒，只是把生命浪费在更美好的事物上"。

商业模式迭代：轻资产、高复购率与"懒人订阅制"

"懒人经济"意外地催生了一场千亿级市场的商业革命。从凌晨三点下单的螺蛳粉外卖，到自动续费的视频会员，再到每月准时上门的猫粮盲盒，这些看似琐碎的消费选择背后，隐藏着现代商业世界迭代的秘密。

轻资产创业成为这场商业革命的重要一环。以一位体重超标的程序员小 A 为例，他将被迫晨跑的"痛苦日常"巧妙地包装成了付费社群。参与者只需交纳 20 元打卡押金，若能坚持跑满 20 天，押金将全额退还；而违约者的钱则变成社群经费。这个看似简单的模式，实则蕴含了轻资产创业的精髓：零场地投入，仅通过规则设计就实现了盈利。更令人惊叹的是，这个社群在半年内迅速裂变，规模达到了 800 人。而未达标者的惩罚机制——在群里发丑照或请喝奶茶，不仅巧妙地利用了减肥的痛点，还将之转化为社交货币，使得小 A 每月能轻松赚取 2 万元运营费。

与此同时，宠物经济也在经历着一场"订阅式陷阱"的变革。上海的"90 后"猫奴小美，自从订阅了某宠物用品盲盒后，便彻底陷入了"真香定律"。每月 99 元的神秘包裹里，从激光逗猫棒到猫草种植套装，商家精准地拿捏住了猫主人的好奇心。这种精选订阅盒模式不仅诠释了高复购率的魅力——70% 的用户连续订阅超过 6 个月，还让消费者在每次拆箱时都能感受到追剧般的惊喜和上瘾。而商家更巧妙地植入了主粮试用装，成功地将低频刚需转化为了高频消费。

这些创新商业模式的兴起，不仅反映了现代消费者对于便捷、高效生活方式的追求，更揭示了商业世界在不断适应和满足这些需求的过程中所展现出的强大生命力和创造力。从轻资产创业到宠物经济的"订阅式陷阱"，我们看到了现代商业如何在"懒人经济"的浪潮中，通过轻资产模式降低试错成本，以高复购率保障持续造血，并巧妙地利用"懒人订阅制"这一自动续费机制，重塑着自身的底层逻辑。这场商业革命，正以前所未有的速度和力度，改变着我们的生活和消费方式。

轻资产，被形象地比喻为商业世界的"瑜伽大师"。它强调的是通过减少实物资产的投入，提高资金的使用效率，使企业更加灵活地应对市场变化。万达商业的转型，就是这一理念的生动实践。曾经，万达以重金投资购物中心而闻名，但现在，它通过输出品牌与管理，与合作方共同出资出地，实现了租金分成的模式。这种转变，不仅让万达广场在五年内新增了 200 多个项目，而且资产负荷率大幅下降了 40%。这就好比练就了"商业瑜伽"，在保持身材（资产质量）的同时，还增强了体质（盈利能力）。共享充电宝的兴起，也是轻资产模式的一个典型例子。它们看似无处不在，但实际上并没有库存压力，每个点位都像是轻资产的触角，敏锐地捕捉着市场的需求。

复购率，则是藏在细节里的"吸金黑洞"。寿仙谷的成功，就得益于其高达 70% 的复购率。他们深谙让消费者复购比拉新更重要的道理，于是将传统滋补品拆解为"月服套装"，并配套智能药盒提醒服用。当灵芝孢子粉成为手机日历里的固定事项时，用户的黏性自然飙升。更妙的是，他们还每月附赠体质测评卡，把产品复购转化为健康管理服务，实现了从交易到关系的质变。这种关注细节、提升用户体验的做法，让寿仙谷在竞争激烈的市场中脱颖而出。

订阅制，则是商业世界的"自动驾驶"模式。杭州某家政平台推出的"家务自动驾驶套餐"，就是一个很好的例证。用户只需交 999 元 / 月，就可以享受保洁阿姨自动上门 4 次的服务，擦窗、除螨等增值服务还可以像远程升级（OTA）般按需加载。这种服务订阅模式，让家庭清洁从

"手动挡"变成了"自动巡航"，用户的续费率高达85%。而且，他们还引入了智能家居联动——扫地机器人可以提前探测脏乱程度，并自动触发深度保洁服务。这种创新的服务模式，不仅提高了用户的满意度，也为家政行业带来了新的发展机遇。

在深圳的某个社区，一种全新的便利店模式正在悄然兴起，它以其独特的"三无"特点——无店员、无货架、无收银，彻底颠覆了传统便利店的运营模式。这家名为"魔幻商店"的创新零售业态，成为懒人经济的一个生动注脚。顾客只需扫码进群下单，便有机器人在30分钟内送货上门。这种将社群作为货架、预售作为库存管理手段、无人车作为配送工具的模式，不仅极大地减轻了人力成本，还通过每日在群里发布菜谱接龙，巧妙地将选品权交给了客户，从而创造了高达105%的月均复购率。这种轻到极致的模式，不仅展现了懒人经济的魅力，更揭示了商业创新在满足消费者日益增长的懒惰需求中的无限潜力。

而懒人经济的终极形态，不仅仅体现在现实世界的便利店里，更已经蔓延到了虚拟空间。"00后"游戏宅小王的故事，正为这一趋势生动地进行了说明。他最近迷上了某平台的"虚拟管家订阅"服务，每月只需支付88元，就能拥有一个AI助手，自动完成游戏日常任务、优化装备搭配，甚至在元宇宙拍卖行自动抄底捡漏。这种数字服务订阅，不仅重构了消费边界，更让"懒惰"从物理世界延伸到了虚拟空间。当玩游戏都能开启"自动巡航"模式时，我们不禁要问：在未来，还有什么事情是不能被"懒惰"所改变的吗？

事实上，无论是深圳的"魔幻商店"，还是小王的"虚拟管家订阅"，都是懒人经济终极形态的缩影。它们共同揭示了一个趋势：随着科技的发展和社会的进步，人们的"懒惰"正在被不断地重新定义和满足。从现实世界的零售到虚拟世界的游戏，从日常的购物到复杂的娱乐活动，"懒惰"正在以一种前所未有的方式，渗透到我们生活的方方面面。而这一切，都离不开商业创新和科技的力量。

我们可以预见，未来将会有更多的"魔幻商店"和小王的"虚拟管家"出现，它们将以更加便捷、高效、智能的方式，满足人们日益增长的"懒惰"需求。同时，这也将促使企业不断探索新的商业模式和服务方式，以适应这个日益"懒惰"的社会。在这个过程中，我们或许可以乐观地期待，未来的世界将因"懒惰"而变得更加美好。

第三章

"懒人经济"的消费心理学

懒的三种类型：时间懒、决策懒、行动懒

在快节奏的现代生活中，时间成为人们最宝贵的资源之一。根据凯度咨询的数据，中国懒人经济市场规模在 2023 年已经取得了大幅突破，其中"时间懒"这一行为模式正逐渐成为商业创新的重要底层逻辑。这种"被动型懒惰"实际上是现代人对时间价值、决策成本和体力消耗进行精准计算的结果，催生出了从即时零售到算法推荐的完整商业生态。

"时间懒"商业逻辑的核心在于将用户的时间成本转化为可量化的服务溢价。通过优化流程、压缩时间，商家创造了"时间套利"的空间，使消费者愿意为节省的时间支付更高的价格。这种"省时即增值"的消费心理，成为推动时间懒商业模式发展的重要动力。

美团闪电仓就是时间懒商业模式的一个典型案例。通过前置仓网络，美团闪电仓实现了"5 分钟选品 +15 分钟配送"的极限时效，大大缩短了用户的决策路径和等待时间。单仓 SKU 控制在 3000 个高频商品，确保了商品的丰富度和配送的高效性。2023 年，该业务线的商品交易总额（GMV）突破 80 亿元，充分验证了"时间打包出售"的商业可

行性。

叮咚买菜的"分钟级"服务也是时间懒商业模式的一种成功实践。基于用户作息数据的动态备货系统，叮咚买菜能够精准预测用户需求，将晚高峰订单满足率提升至97%。这种高效的服务不仅提升了用户体验，还创造了夜间时段客单价高出日间35%的溢价空间。

除了美团和叮咚买菜，还有许多其他企业也在积极探索时间懒商业模式。例如，一些外卖平台通过优化配送路线和时间，减少了骑手的空驶时间，提高了配送效率；一些在线教育平台通过提供录播课程和实时互动功能，让学生可以根据自己的时间安排灵活学习。

时间懒商业模式的成功，不仅在于它满足了人们对时间的珍视和对效率的追求，更在于它通过技术创新和数据分析，实现了对用户需求的精准把握和服务的个性化定制。这种以用户为中心的经营理念，正是时间懒商业模式能够持续发展的根本原因。

决策懒，即利用算法推荐来减轻人们的选择负担，已经成为一种重要的商业策略。心理学表明，当人们面临过多的选择时，购买转化率会显著下降。而精准的推荐算法则能够将这一过程简化，使决策时长大幅缩短。今日头条的研究发现，精准推荐能够将用户的决策时长压缩至1.2秒，极大地提高了购买效率。

抖音的"兴趣电商"闭环就是决策懒商业模式的一个典型例子。通过"内容种草—算法匹配—即时成交"的三段式路径，抖音将传统电商的6步决策流程简化为了"划屏即购买"。这种创新模式不仅提升了用户体验，还使得服饰类目的退货率降低了28%，充分证明了决策代偿的有效性。

除了抖音，订阅制服务的崛起也是决策懒商业模式的一种体现。以鲜花领域的"花点时间"为例，通过"周期购＋盲盒模式"，他们将用户的复购决策成本降为零，大大提高了用户的留存周期。这种模式的成功，不仅在于它满足了人们对新鲜事物的好奇心，更在于它消除了人们在选择上的犹豫和纠结。

与决策懒相对应的是行动懒，即通过智能化设备和技术来减轻人们的体力消耗。预制菜产业的爆发就是一个典型的例子。通过将烹饪分解为"加热"这一单一动作，预制菜大大降低了烹饪的门槛和难度，使得更多的人能够享受到烹饪的乐趣。安井食品通过推出"主菜＋复合调料包"的便捷式组合，进一步提高了预制菜的便利性和口感，从而带动了整个市场的爆发。

智能家居集成方案则是行动懒的另一个重要应用。以海尔智家为例，他们推出的"懒人模式"场景包能够通过语音指令联动空调、窗帘、灯光等设备，使得用户的操作步骤从平均7步下降为1步。这种智能化的家居管理方式不仅提高了生活的便利性，还带动了场景化销售占比的提升。

决策懒和行动懒的商业模式和技术突破，不仅反映了现代社会人们对便捷、高效生活方式的追求，也展示了科技在改善人们生活质量方面的巨大潜力。随着未来技术的不断进步和创新，我们有理由相信，这两种"懒惰"的趋势将会继续深化和发展，为人们的生活带来更多的惊喜和便利。

场景化需求：早餐机、预制菜与"3分钟生活圈"

如今，时间成为稀缺资源，而数字化技术的飞速发展更是加剧了人们对"省时省力"的追求。这种追求不仅体现在日常的消费习惯上，更深刻地影响到了整个产业的升级与转型。淘宝消费数据报告显示，"95后"已成为懒人消费的主力军，他们热衷于购买智能家居设备，推动其年增长率超过30%。同时，预制菜市场也在迅速扩张，2023年市场规模突破了5100亿元大关。这一系列变化背后，是懒人经济对传统消费场景的全面重构。

时间稀缺性加剧

随着都市化进程的加速，人们的通勤时间越来越长，平均每天超过1.5小时。烹饪、家务等刚性需求成为人们生活中的负担，亟须找到替代方案。

·技术赋能供给端

智能设备的出现和冷链物流技术的突破，为人们提供了更多的便利。早餐机的自动化程序、预制菜的快速配送，都大大降低了操作门槛，使得人们能够更加轻松地享受生活。

代际观念变迁

Z 世代（指 1995—2009 年间出生的一代人）将"懒"重新定义为"高效生活管理"。他们追求的不再是简单的懒惰，而是通过科技手段实现生活的精致化和高效化。这种"懒而精致"的消费哲学，催生了一系列创新产品。

场景化产品创新

·早餐机：从单一工具到场景解决方案

传统小型家电企业通过"功能集成 + 场景绑定"实现了突破。以小熊电器推出的多烤盘早餐机为例，它不仅具备多种功能，还通过"草莓造型设计 + 飞碟三文治制作流程优化"，将产品从厨房工具升级为"3分钟早餐场景"的体验载体。这种创新的设计使得早餐机在 2022 年双十一期间销量同比增长 200%，客单价 99 元的爆款单品贡献超 30% 营收。成功关键在于深入挖掘场景痛点，针对"早起时间紧张""厨艺小白"设计"卧立两用 + 防漏烤盘"，并附加情感价值，通过社交媒体传播"高颜值早餐打卡"内容，塑造"精致懒生活"的符号。

·预制菜：从 B 端供应链到 C 端生态闭环

预制菜企业通过"品类分化 + 数据驱动"构建了竞争壁垒。以叮叮懒人菜为例，其酸菜鱼单品在抖音平台实现月销超 40 万单。核心策略包括细化场景颗粒度，区分健身餐、聚会套餐、一人食等场景，推出蛋白质含量 ≥ 20% 的"健身友好型"产品；以及数字化精准运营，利用用户购买数据反向定制区域化口味（如川湘辣度分级），提升 SKU 复购率至 58%。这些举措使得预制菜能够更好地满足消费者的个性化需求，实现从 B 端供应链到 C 端生态闭环的转变。

在当今快节奏的现代生活中，"3 分钟生活圈"正逐渐成为都市人群追求高效、便捷生活方式的终极目标。这一概念的核心在于构建一个"即时需求响应体系"，通过"空间压缩＋服务聚合"实现效率最大化，从而满足人们对时间成本的极致追求。

产品维度

"3 分钟生活圈"在产品维度上，主打快速、方便的消费体验。预制菜的加热即食、早餐机的一键操作，将烹饪时间压缩至短短几分钟内，极大地节省了人们的时间和精力。这种即食、即用的产品特性，完美契合了现代人对高效生活的需求。

渠道维度

在渠道维度上，"3 分钟生活圈"通过社区团购、智能货柜、即时配送网络等多元化渠道，形成了一个 15 分钟触达半径。无论消费者身处何地，都能在短时间内接触到所需的商品和服务，进一步提升了生活的便捷性。

服务维度

服务维度则是"3 分钟生活圈"的重要支撑。美团等平台通过整合"外卖买万物"服务，使得 3C 家电、生鲜食品等品类都能实现 30 分钟内送达。这种高效的服务模式，不仅满足了消费者的即时需求，更提升了整个消费体验的满意度。

"3 分钟生活圈"的成功实践，为懒人经济提供了重要的商业启示。首先，企业需要通过技术升级降低使用门槛，提供更加便捷、高效的产品和服务；其次，植入社交属性、情感联结等增值元素，提升消费者的体验价值；最后，构建"产品＋服务＋数据"闭环，实现系统价值的最大化。

随着赛道竞争的加剧，企业需突破品质信任建设和场景跨界融合两大瓶颈。通过透明工厂直播、第三方检测认证等方式消除消费者对产品质量的质疑；同时，探索露营场景中"预制菜＋便携早餐机"等组合套装的可能性，拓展增量市场。

情感溢价：遛狗师、收纳师如何用服务治愈孤独

2023 年，相关懒人经济服务消费增速达 65%，这一数据背后反映的是消费者需求的深刻变化。过去，人们可能更多地为功能性服务买单，但如今，他们更愿意为情感满足支付溢价，从上门遛狗到全屋收纳，新兴职业正在构建"功能服务＋情感疗愈"的双重价值体系，催生出独特的商业生态。

在懒人经济的发展过程中，服务形态经历了三次迭代。最初的基础

代劳阶段，以跑腿代购、家政保洁为代表，主要解决物理空间的时间置换问题。随着市场的细分和专业化，进入专业细分阶段，诞生了剥虾师（日薪 200 元）、职业遛狗师（月入过万元）等垂直领域专家。而如今，懒人经济正进入情感溢价阶段，服务提供者不仅提供功能性服务，更通过情感疗愈来满足客户的深层次需求，如收纳师通过空间重构治愈焦虑，遛狗师成为都市人的临时情感纽带。

这种情感型服务的商业模型在北京创业者小路的遛狗业务中得到了淋漓尽致的体现。小路敏锐地洞察到春节返乡潮催生的宠物短期照料刚需，设计了包含安全预检、情感增值（如拍摄互动视频）在内的服务体系，通过合理的定价策略（基础遛狗 60 元 / 次，节日时段溢价 50%），实现了旺季日均收入 500 元、年服务超 800 单、客户转介绍率 45% 的佳绩。

同样，福州收纳团队创始人文婷的实践也展示了情感型服务的强大生命力。她的团队不仅提供基础的衣物分类收纳服务，还深入到空间规划、动线优化、储物系统改造，甚至引导客户参与断舍离决策的情感干预层面。通过为签证丢失家庭重建证件管理系统、协助三孩家庭设计儿童成长型空间等典型案例，她们的服务不仅满足了客户的物理需求，更提供了心理疗愈，使得复购率提升 300%。目前，福建省年服务需求增长 120%，客单价已突破 5000 元 / 单。

中国懒人经济市场正经历着从效率工具到精神共鸣的价值跃迁，情感型服务以其独特的商业模式和巨大的市场潜力，正成为推动这一变革的重要力量。

在当今服务消费日益情感化的趋势下，情感溢价已成为提升服务价值、增强客户黏性的关键手段。

情感溢价的服务设计法则

·信任机制的建立

信任是情感溢价的基石。为了建立信任，服务提供者需要采取可视化流程和风险管控措施。例如，遛狗师可以同步定位轨迹，让客户随时了解宠物的行走路线；收纳师则可以通过服务前后的对比拍摄，直观展示其工作效果。此外，像 Dogwalker App 那样引入保险机制，确保宠物在服务过程中的安全，也能极大地提升客户的信任感。

·情绪价值的具象化

情绪价值的具象化是情感溢价的重要表现。通过仪式感塑造和专属记忆点的创造，服务提供者可以为客户提供更加个性化、难忘的体验。例如，上海的宠物陪伴师可以为猫咪准备生日罐头，让宠物感受到被重视和关爱；南京的遛狗师则可以记录每只犬的排便习惯，形成个性化报告，这不仅体现了服务的专业性，也增强了客户与服务提供者之间的情感联系。

·服务链的生态化延伸

服务链的生态化延伸是情感溢价的拓展方向。通过拓展服务范围、开发新的服务产品，服务提供者可以实现客群生命周期价值的提升。例如，北京的萌嘟嘟科技从遛狗平台拓展至宠物殡葬、慈善捐赠等领域，为宠物主人提供全方位的服务；收纳师文婷团队则开发了亲子整理课程，将服务对象从成年人扩展到家庭，实现了服务价值的最大化。

行业挑战与未来趋势

·现存痛点

尽管情感溢价为服务业带来了新的发展机遇，但也存在一些现存痛点。例如，法律盲区导致部分遛狗师遭遇客户财物纠纷，标准缺失使得收纳服务效果评估缺乏量化指标。这些问题需要行业内外共同努力解决。

·进化方向

面对挑战，服务业需要不断进化以适应市场需求。技术赋能是重要的进化方向之一。通过 AR 预览收纳效果、宠物情绪识别智能项圈等技术的应用，服务提供者可以更加直观地展示服务效果，提升客户的体验感。同时，情感服务认证体系的建立也将有助于提升服务的专业性和可信度。此外，社区化运营也是未来的重要趋势之一。通过打造"宠物社交 + 服务"平台等方式，服务提供者可以更好地聚集客户资源、提升品牌影响力。

总而言之，情感溢价正在重塑服务业的价值链。那些能够成功将功能性服务转化为情感连接的企业将在激烈的市场竞争中脱颖而出。

群体效应：懒人经济如何通过社交媒体实现快速传播

懒人经济的核心在于通过技术手段将服务流程极致简化，满足用户"以最小时间成本获取最大便利"的需求。这一经济模式的兴起，得益于消费需求与技术驱动的双重红利。

随着社会结构的变化，都市白领群体不断壮大，高强度的工作挤压了他们的生活时间，催生了"省时省力"的刚需。中国外卖市场从2015年的1348亿元增长至2024年的1.8万亿元、年均增速超过30%的数据，就足以证明这一点。同时，技术赋能也为懒人经济的发展提供了强大动力。智能硬件如扫地机器人、即时配送网络、AI客服等技术的应用，正在重构服务场景。以科沃斯扫地机器人为例，其通过LDS激光导航和App远程控制功能，将清洁时间成本降低了80%，成为懒人经济的标杆产品。

社交媒体作为懒人经济的传播引擎，与其结合得天衣无缝。社交媒体提供了便捷的传播渠道，而懒人经济则创造了具有分享价值的内容触点。两者的协同效应主要体现在以下三个层面：

内容裂变机制

懒人经济产品自带"解放双手"的直观价值，易于通过短视频、图文对比等形式呈现，实现从功能满足到情绪共鸣的转变。美团外卖在抖音发起的"懒人食谱挑战赛"就是典型例子。用户上传用外卖半成品制作美食的创意视频，单条播放量破亿，带动相关订单增长 47%。此类内容通过"实用教程 + 娱乐化表达"触发用户模仿，形成传播链。

KOL 生态的杠杆效应

头部主播与垂类达人在懒人经济中扮演着"信任中介"的角色。例如，某直播间推荐的"懒人早餐机"通过"30 秒完成煎蛋烤面包"的现场演示，单场销量突破 10 万台，社交媒体二次传播覆盖超 5000 万人次。达人背书不仅降低了用户的决策成本，更通过场景化演绎强化了产品与懒人生活方式的关联。

UGC 驱动的长尾传播

用户生成内容（UGC）是病毒式传播的持续动力。小红书上的"懒人家居好物"话题累计笔记超 200 万篇，其中"隐形垃圾桶""自动叠衣机"等产品通过素人测评实现口碑扩散，相关品牌搜索量提升 3～5 倍。平台算法进一步放大优质内容，形成"需求发现—内容创作—流量分发"的正向循环。

在当今社会，懒人经济正以前所未有的速度崛起，而社交媒体则是这一经济模式传播的强大引擎。通过精准的商业实践和创新策略，企业能够充分利用社交媒体的病毒式传播效应，实现品牌的快速增长和市场的广泛覆盖。

案例 1：美团跑腿的"代排队"营销事件

2024 年，美团跑腿针对网红餐厅排队痛点，巧妙地在微博发起了"不想排队的美团替你排"活动。用户只需上传排队场景照片并 @ 好友，即可获得代排队优惠券。这一活动结合了段子手创作的"当代年轻人排队崩溃瞬间"漫画，迅速在网络上走红，3 天内话题阅读量达 12 亿次，代排队订单量激增 300%。此案例的成功要素包括：

精准场景挖掘：美团跑腿将懒人需求具象化为"排队焦虑"这一高共鸣场景，精准地击中了年轻消费者的痛点。

社交货币设计：优惠券需通过 @ 好友获取，这种设计不仅刺激了裂变传播，还增强了用户之间的互动和社交黏性。

内容矩阵联动：PGC（专业漫画）与 UGC（用户晒单）的交叉引流，使得活动能够覆盖不同圈层，形成更广泛的传播效果。

案例 2：追觅科技的"懒人清洁神器"爆款策略

追觅洗地机通过抖音挑战赛"我家地板会发光"，邀请家居达人和普通用户展示"一键清洁"效果。活动中：

技术可视化：用慢镜头呈现干湿垃圾同步清理过程，强化了"黑科技"认知，提升了产品的吸引力。

情感绑定：主打"每天多睡 1 小时"的 slogan（标语），将产品与时间自由的生活方式紧密绑定，激发了用户的购买欲望。

渠道闭环：视频嵌入小程序购买链接，实现了"种草—拔草"的无缝衔接，极大地提高了转化率。该活动带动单品月销量突破 15 万台，品牌搜索指数上升 120%。

尽管社交媒体为懒人经济提供了爆发式增长的机会，但企业也需警惕信息过载导致用户疲劳的风险。为应对这一挑战，企业需要通过个性化推荐和场景细分来提升内容的精准度。同时，服务质量与传播预期的落差也是企业需要关注的问题。例如，某智能料理机因"操作复杂"遭网红集体吐槽，这提醒企业需建立"产品迭代—用户反馈—内容优化"的实时响应机制。

　　未来，随着 AI 算法的不断进步，智能化升级将成为懒人经济发展的重要方向。例如，饿了么可以基于地理位置和饮食偏好推送"懒人套餐"，进一步提升用户体验。此外，社交电商融合也将缩短决策链路，提高购买效率。而 ESG 价值附加则倡导"懒人经济＋环保理念"，为企业的可持续发展注入新的动力。

　　懒人经济与社交媒体病毒式传播的协同发展，是对"人性化服务"与"数字化触达"的深度融合。企业需跳出单纯的功能推销逻辑，转而构建"产品—内容—社群"三位一体的价值生态。只有这样，企业才能在流量红利退却后持续赢得市场，实现长期稳定的发展。

第四章

"懒人经济"的
黄金赛道

智能家居：扫地机器人到声控系统的千亿市场

据权威机构预测，中国智能家居市场规模在 2025 年将突破 1 万亿元，其强劲增长的核心引擎正是消费者对"解放双手、提升效率"的渴望。从扫地机器人到语音控制系统，智能家居企业凭借技术迭代与场景创新，精心编织了一个以"懒"为驱动的庞大产业链，深刻改变着家居生活的模样。

从需求端来看，时间稀缺性是催生"代劳"市场的关键因素。当代消费者被工作与生活的双重重担压得喘不过气，家务时间被大幅压缩。数据显示，一线城市上班族日均家务时间不足 0.5 小时，而智能家居设备成为他们的"救星"。例如，科沃斯 T30 Pro 扫地机器人借助 TruEdge 灵隙灵动恒贴边技术，能够实现零死角清洁，每天为用户节省约 40 分钟清扫时间，让忙碌的人们在有限的时间里享受更多的休闲与陪伴家人的时光。

在供给端，企业通过一系列技术突破精准满足消费者"懒到极致"的需求。导航技术迎来革新，LDS 激光雷达（如斐纳 G90 搭载）和 AI

视觉避障（追觅 S30 Pro Ultra 采用）等先进技术有效解决了传统扫地机卡顿、漏扫等痛点，让清洁路径规划更加精准高效。功能集成化趋势凸显，石头科技 P10S Pro 首创双滚刷 + 双机械臂设计，集地毯增压与边角深度清洁于一体，一次性搞定多种清洁难题。交互便捷性也大幅提升，米家扫地机器人不仅支持 App 远程控制，还能与智能音箱联动，用户只需简单一句话就能轻松开启或关闭清洁任务，真正实现"动口不动手"的懒人极致体验。

在智能家居的千亿级市场版图中，竞争格局逐渐明晰，各类品牌凭借独特优势各领风骚，同时孕育着丰富的商业机会。

头部品牌通过构筑技术壁垒，牢牢站稳脚跟。科沃斯，借助 AI 算法与智能分区技术的深度融合，强势占据中国市场份额亚军之位。其Y30 系列堪称典范，巧妙达成"高性价比"与"旗舰性能"的精妙平衡，以亲民价格让更多消费者得以领略高端科技的魅力。追觅科技另辟蹊径，凭借机械臂技术在一众竞品中脱颖而出。X40 系列出道即巅峰，上线首月销售额便突破 2 亿元大关，海外市场更是一路高歌猛进，增速高达 300%，展现出强大的市场拓展实力。云鲸智能从籍籍无名到成长为估值超 10 亿美元的独角兽企业，其自动换水模块技术直击拖布手动清洁痛点，为用户带来极大便捷，海外营收同比激增 7.5 倍，书写了逆袭传奇。

价格分层上，呈现出覆盖全消费梯队的态势。千元级产品如米家MJST1S，聚焦基础扫拖功能，并搭载 App 互联，满足入门级用户的基本需求，以高性价比吸引预算有限但追求智能化体验的消费者。中高端领域，石头 P10S Pro 脱颖而出，双机械臂与热风烘干组合，为品质生活加码，精准对接对清洁效率与效果有更高要求的改善型用户群体。而旗舰级产品 iRobot S9+ 则以吸尘器套装搭配多楼层记忆功能，瞄准高端消费市场，为追求极致体验、居住空间广阔的用户提供定制化解决方案。

不同价格区间的产品相互补充，共同构建起多元化的市场格局。头部品牌的技术创新引领行业潮流，不断抬高竞争门槛；价格分层则满足了从刚需到奢华的全方位需求，无论是初入智能家居领域的尝鲜者，还是追求极致体验的高净值人群，都能在这个蓬勃发展的市场中找到心仪之选。未来，随着消费者对智能家居认知的深化与需求的持续升级，企业只要精准定位、差异化布局，在技术研发、品质提升与服务优化上持续发力，便能在这千亿市场中分得一杯羹，共享智能家居时代的发展红利。

在智能家居领域，商业变现逻辑围绕着消费者对"懒"的追求不断演进，众多企业凭借创新产品与策略成功掘金。

云鲸智能堪称范例，从竞争激烈的红海市场突围，迈向全球蓝海。传统扫地机手动换水的难题长期困扰用户，导致用户黏性低下。云鲸精准挖掘这一痛点，首创自动上下水基站，将拖地自动化程度大幅提升至95%，极大解放了用户双手。在市场策略上，毅然避开国内价格鏖战，聚焦欧美高端市场。2024 年其在意大利、荷兰的市占率已达 12%，单品毛利率超 45%，成绩斐然。海外业务营收同比激增 7.5 倍，复购率高达32%，远超行业平均的 15%，充分彰显其产品魅力与市场认可度。

追觅科技同样表现卓越，以机械臂技术实现降维打击。X40 系列搭载仿生机械臂后，清洁覆盖率从 85% 跃升至 99.7%，以往棘手的桌椅底部清洁难题迎刃而解。营销层面创新推出"免费试用 30 天"活动，有效降低消费者决策门槛，转化率达 18%，远超行业均值 8%。资本回报也十分亮眼，2024 年双十一单日销售额突破 3 亿元，带动股价上涨 27%，在资本市场与消费市场双丰收。

智能家居呈现从单品智能转向生态整合跨越的趋势。场景延伸方面，海尔扫地机器人率先行动，可联动空调、灯光系统，打造"清扫完成→自动关灯→启动空气净化"的智能闭环，开启全屋管理新篇章。技术融合上，AI 大模型如小米的小爱同学 3.0 助力语音控制精度提升至 98%，用户一声自然语言指令即可灵活调整清洁路径。全球化布局中，中国品牌依托供应链优势在海外市场高歌猛进，科沃斯 T30 Pro 东南亚市占率达 25%，斐纳借德国工业设计背书顺利打入北美渠道。

"懒人经济"的终极愿景是达成"无感服务"。当智能家居进化到"主动服务"阶段，家中设备将依据用户习惯与环境变化自主运行。扫地机器人借助生物识别技术监测宠物毛发量进而自动调节吸力，声控系统结合作息预判清洁需求，全方位重塑人与家居的交互关系，智能家居的黄金时代正加速来临，商业潜力无限拓展。

懒人食品革命：从方便面到自热火锅的品类进化

在"懒人经济"蓬勃发展的进程中，食品领域的品类进化清晰勾勒出消费市场的变迁轨迹，展现出消费者对便捷与品质不断攀升的追求。

方便面时代，作为工业化效率启蒙阶段（1990—2010 年），方便面曾凭借低廉价格（3 ~ 5 元单价）与快速充饥特性（3 分钟即食）缔造年销 462 亿包的辉煌。彼时，其核心逻辑围绕"充饥"，产品深陷同质化泥沼，随着外卖补贴战兴起后便逐渐式微。然而，2018 年白象食品推出"汤好喝"高汤面，通过配料升级实现年销增长 42%，这一突破宛如破晓曙光，有力证明了品质化升级蕴含的巨大潜能，为行业转型埋下伏笔。

自热食品崛起阶段（2016—2020 年），自热火锅横空出世，重构速食场景。单价跃升至 15 ~ 30 元区间，加热时间虽延长至 15 分钟，却营造出"一人食火锅"的独特仪式感。数据彰显其强劲发展势头，2020 年疫情期间销量激增 257%，远超方便面 133% 的增长率。其背后满足的三重需求意义深远：空间上，打破堂食束缚，无论是办公室忙碌片刻，还是户外休闲时光，都能尽情享用；社交层面，于抖音直播中"自热锅 + 肥宅快乐水"组合成为年轻群体彰显个性的身份标签；情感方面，海底捞、小龙坎等品牌 IP 的"平替"价值，为消费者提供高性价比且能慰藉味蕾的替代选择。

预制菜爆发期（2020 年至今），以叮叮懒人菜为典范，其酸菜鱼预制菜运用活鱼现切、9 秒速烹等前沿技术，神奇地将餐厅 68 元的同款菜品压缩至 20 元，在 2022 年强势占据线上酸菜鱼 47.3% 的市场份额。这不仅是产品的创新胜利，更是供应链深度改造的硕果，从中央厨房的精细化加工，到冷链配送的高效协同，全链条标准化作业，保障了预制菜的品质与口感，实现了从厨房到餐桌的效率革命，让消费者在家便能轻松复刻餐厅美味，进一步契合"懒人经济"高效便捷又兼顾品质的核心诉求，推动食品领域持续迈向新高度。

在"懒人经济"的浪潮下，商业逻辑正经历深刻重塑，其驱动力从多维度推动行业变革，而赛道领跑者凭借独特商业密码脱颖而出。

供应链升级是关键驱动力之一。大懒人冒菜以中药汤底配方搭配标准化操作流程，使单店出餐效率显著提升 40%，加盟商回本周期大幅缩短至 12 个月，彰显工业化思维对食品产业链的强大重塑效能。2020 年，白家食品将近 2 亿元融资投入智能化生产线建设，更是为这一趋势提供有力佐证，预示着供应链升级将成为行业常态化发展路径，助力企业降本增效、强化市场竞争力。

营销范式创新同样举足轻重。莫小仙创始人王正齐开创的"达人矩阵 + 自播"模式成效斐然。拥有 60 人团队的品牌自播日销稳定在百万级，借"内容即渠道"模式，将产品试用成本从传统渠道的 35% 锐减至 8%，这种创新性营销策略精准切中市场需求，为品牌推广开辟新航道，极大提升营销效率与资源利用率。

渠道革命也在蓬勃兴起。鸣鸣很忙采用"社区零售 + 全品类覆盖"模式，凭借 319 城覆盖、590 万日活用户的网络优势推出 30 款自有品牌产品，其核心在于利用规模议价压缩中间环节，零售价低于市场 30%，成功模糊零售与餐饮边界，挖掘潜在市场增量，为消费者提供多元便捷消费场景。

自嗨锅作为赛道领跑者之一，堪称场景定义者。精准锚定 Z 世代，构建丰富产品矩阵，价格带从 9.9 元速食面到 59 元海鲜火锅，还推出早餐粥、夜宵烧烤等细分品类渗透多元场景，并与《三体》《流浪地球》等热门影视 IP 深度联名，以场景化营销与 IP 赋能强化品牌影响力与市场号召力，仅 2020 年便收获超 5 亿元融资，估值突破 10 亿美元。

叮叮懒人菜则是技术破壁典范。秉持"三极"战略，单品聚焦酸菜鱼且研发投入占比达 12%，借抖音 KOC 矩阵 72 小时打造爆款实现极速触达消费者，建立活鱼 18 小时加工时效体系并引入 SGS 认证确保极端品控，在预制菜红海中凭借深度垂直打法稳固 35% 复购率，以技术创新驱动产品品质提升与市场拓展，为行业树立标杆。

当下，"懒人经济"虽蓬勃发展，但食品行业也面临着诸多严峻挑战。食品安全事故频发，仅 2020 年自热包事故就增长 23%，给消费者信任带来沉重打击；同质化竞争急剧恶化，2020 年新增自热食品企业 78 家，市场竞争陷入白热化混战；价格敏感边际凸显，高达 65% 的消费者设定 30 元为价格接受上限，企业利润空间备受挤压。

面对困境，行业未来突破方向逐渐明晰。健康化升级成为首要路径，如大懒人冒菜采用中药汤底，精准契合当下养生潮流，既满足味蕾又滋养身心，为消费者提供健康与便捷兼具的用餐选择。场景融合潜力巨大，露营、车载等新兴消费场景亟待开发，将食品与多元生活场景紧密相连，拓宽消费疆域。智能化改造更是关键一招，自热设备与 IoT（物联网）技术深度融合，实现温度精准调控，优化使用体验，提升产品科技含量与附加值。

这场发端于"懒惰"的商业变革，实则是消费社会效率革命的生动缩影。回溯从方便面到自热火锅的演进历程，每一步创新都是对消费者需求的深度挖掘与精准回应。正如管理学大师彼得·德鲁克所言："企业的唯一目的就是创造顾客。"在"懒"已成为刚需的当下，食品行业的创新征程才刚刚启幕，未来必将沿着这些突破方向，持续演绎精彩，为消费者缔造更多惊喜，为行业发展注入源源不断的动力，开启一个全新的高效消费时代，成就更为辉煌的商业传奇。

跑腿经济：代购、代厨、代遛狗

易观智库权威数据揭示，2024 年中国"懒人经济"市场规模已然扩大，其中跑腿服务表现尤为亮眼，贡献率高达 21%，俨然成为增长最为迅猛的领域之一。跑腿经济，作为以时间置换为核心的新颖交易模式，正深刻重塑着传统服务业的商业逻辑与市场格局。

从需求端来看，其裂变背后蕴含着深刻的底层逻辑。一方面，现代社会节奏加快，时间成为一种稀缺资源，进而催生了"用金钱购买时间"的新型消费观念。另一方面，消费者需求日益多元化与个性化，服务颗粒度不断细化，从传统的代购、代驾服务，逐步延伸至代遛狗、代堆雪人等长尾领域，跑腿服务的应用场景愈发丰富。与此同时，技术的进步为实现供需高效匹配提供了有力支撑。借助 LBS 精准定位技术与智能调度算法，服务响应时间大幅缩短，平均仅需 15 分钟，极大地提升了用户体验与服务效率。

在市场结构方面，传统服务业正经历一场"去中心化—再中心化"的深度变革与蝶变。以旭金乌集团旗下的"三条腿"平台为例，通过独创的九轮联动系统，巧妙地整合了代取送、代买、帮办事三大核心场景，在长三角地区构建起了一个高效的服务体系，能够实现订单在

30 分钟内的快速响应与闭环处理。这种平台化运作模式具有显著优势，它将以往分散、碎片化的个性化需求进行了有效整合，转化为可标准化运营的商业单元，不仅提高了资源利用效率，还降低了运营成本，为跑腿经济的规模化发展奠定了坚实基础。

跑腿经济作为懒人经济的重要分支，通过满足人们对便捷生活的渴望，挖掘出巨大的商业价值与社会潜力。随着技术的持续创新与市场需求的进一步释放，跑腿经济有望在未来拓展更多的业务领域与服务场景，成为推动消费升级与经济增长的新动力源，绘制出一幅更加绚丽多彩的商业图景，在经济发展的舞台上扮演越来越重要的角色，持续为社会创造多元价值与无限可能。

在跑腿经济的蓬勃发展进程中，商业进化路径呈现出多元化与创新性，各企业通过垂直细分赛道的差异化战略以及技术驱动的高效模式，不断挖掘市场潜力，提升竞争力，实现可持续发展。

在垂直细分赛道，诸多企业凭借独特的商业模式脱颖而出。以张帆的代厨创业矩阵为例，其采用"中央厨房 + 分布式厨师"的创新架构，成功撬动市场，年服务订单量高达 3.2 万单。深入剖析其商业密码，动态定价算法巧妙平衡成本与收益，基础四菜一汤 60 元的亲民价格吸引日常客户，而宴会定制单均价 680 元则精准定位高端市场，满足不同层次需求。同时，技能认证体系的引入，借助营养师、食品安全认证等专业资质，构筑起坚实的竞争壁垒，提升了服务的专业性与可信度。更值得一提的是，其赋予服务情感价值，为癌症患者量身定制病号餐，这一暖心举措赢得了客户的深度认同，使客户留存率大幅提升至 73%，实现了商业价值与社会价值的双赢。

校园跑腿领域同样创新不断。山东某高校的"快跑者"系统日均处理 1500 单，构建起别具一格的盈利模型。三级佣金体系涵盖基础配送费、商家返点以及增值服务费，多维度挖掘收益来源。场景化产品包的设计贴合校园生活实际，如代取快递在高峰期溢价50%，精准满足学生多样化需求。社交裂变机制更是一大亮点，通过邀请3名同学免首单的策略，借助社交网络的强大传播力，将复购率显著提升至65%，实现了用户群体的快速增长与沉淀。

而在技术驱动方面，头部平台借助"智能硬件＋数据中台"组合拳，打造出坚实的护城河。物联网装备的应用，如智能保温箱能够精准控制温度波动在≤1.5℃，确保食物品质；配送箱摄像头全程监控，保障配送过程安全可靠。需求预测模型基于海量历史数据，精准预判代遛狗等业务的高峰时段，使供需匹配效率提升40%，优化资源配置。信用评价系统引入先进的区块链技术存证服务过程，有效解决了纠纷问题，使纠纷率大幅下降82%，维护了平台的良好生态与信誉。

在跑腿经济这片充满活力的商业领域中，产业价值链正经历深刻变革，与此同时，也面临着一系列复杂严峻的挑战，而其未来发展趋势更是蕴含着无限潜力与可能。

传统跑腿服务模式正在实现从"劳动力密集型"向"数据资产型"的关键转型。以网易开发的跑腿系统App为例，通过对用户行为数据的深度挖掘与分析，创新性地推出"时间银行"增值服务。用户能够将自身的闲置时段进行存储，并依据需求兑换相应服务，这种模式不仅提升了用户黏性，还为平台日均沉淀超10万小时的时间资产，实现了时间资源的有效整合与利用，彰显出数据资产在跑腿经济中的巨大价值。

然而，跑腿经济在高速发展过程中也遭遇了诸多困境。服务标准化面临难题，数据安全红线问题突出，家庭地址、生物特征等敏感信息的泄露风险犹如高悬之剑，随时可能对用户权益造成侵害，威胁到整个行业的健康发展。此外，劳动力权益保障缺失，超 60% 的骑手缺乏工伤保险，职业发展通道不畅，这不仅影响从业者的工作积极性与稳定性，更不利于行业的长期稳定发展。

随着 AR 眼镜、无人配送车等前沿技术的日益成熟，跑腿经济将迎来全新的发展态势与趋势。即时服务网格化将成为常态，"500 米 15 分钟"服务圈的构建将进一步提升服务渗透率，预计可达 92%，实现服务的全方位覆盖与高效触达。情感服务产品化也将崭露头角，代相亲、代陪伴等精神消费占比有望提升至 28%，满足人们日益增长的情感需求与精神慰藉。同时，服务者 IP 化趋势凸显，顶尖代厨师时薪突破 500 元，通过打造个人品牌效应，提升服务附加值与影响力。

在这个时间愈发宝贵的时代，跑腿经济实则是在贩卖"生命质量"，它以创新的服务模式与商业理念，为人们的生活提供了更多便捷与选择，也为社会经济的发展注入了新的活力与动力。

共享服务：付费自习室与社区闲鱼的资源复用逻辑

在城市化进程加速与数字技术日新月异的双重推动下，"懒人经济"正深刻重塑着消费市场的格局。这一经济形态的核心在于通过优化资源配置、降低用户成本，以时间换取便利，实现消费升级的新范式。

在这一经济趋势中，共享服务领域尤为引人注目，付费自习室与社区闲鱼作为其中的代表性业态，共同构建了"资源复用"的典范模式。付费自习室通过精准捕捉用户需求、精细化运营服务以及二次开发流量价值，实现了空间资源的高效利用和商业价值的最大化。

领先品牌在服务颗粒度上也做到了精细化。杭州"清泰乐学"设置讨论区与咖啡吧，满足用户的多样化需求；三亚"超壕学社"划分"小黑屋"深度学习区与"小白屋"休闲区，甚至衍生出"学习监督""资料代印"等增值服务，将标准化产品升级为个性化解决方案。这不仅提升了用户体验，也增强了品牌的竞争力。

此外，头部玩家还开始构建学习社区生态，实现流量价值的二次开发。北京"飞跃岛"通过会员体系沉淀用户数据，向职业教育机构导流获得佣金分成。这种从"空间租赁"到"教育服务平台"的转型，不仅拓宽了盈利渠道，也使客单价提升 40% 以上。付费自习室作为"懒人经济"的典型产物，以其独特的商业模式和创新思维，为行业树立了新的标杆。

在"懒人经济"的浪潮中，社区闲鱼作为闲置资源流通的代表，展现了物品复用的新可能。其商业逻辑围绕交易成本降低、信任机制构建以及数据驱动运营三大核心支点展开，实现了价值链的重构。

通过 LBS 定位技术，社区闲鱼实现了 500 米范围内的供需匹配，用户上传物品信息到完成交易平均时间仅需 23 分钟，较传统二手市场效率提升 80%。在北京回龙观社区，儿童推车、健身器材等低频高值物品流通率可达年均 5.2 次，充分证明了这一模式的高效性。

为解决二手交易中的信任问题，社区闲鱼引入社区物业作为信用背书方，设立线下验货点，有效破解了交易痛点。成都麓湖社区创新的

"闲鱼驿站"模式，使纠纷率下降至0.3%，同时带动平台佣金收入增长17%。这种场景化的信任机制构建，为二手交易提供了更加安全、可靠的环境。

算法推荐是社区闲鱼的另一大特色。根据用户画像，平台能够精准推荐闲置物品，如向新手父母推送婴儿床，向健身爱好者推荐器械。深圳某社区通过数据挖掘发现，咖啡机年均流转3.8次，证明咖啡机的需求量较大，遂与品牌商合作推出以旧换新服务，开辟了新的利润源。这种数据驱动的精准运营，不仅提升了用户体验，也为企业带来了更多的商业机会。

从付费自习室的"时间银行"模式到社区闲鱼的"资源活化工程"，懒人经济的成功案例为我们提供了宝贵的启示。南京"学咖"通过"时间积分制"，将用户学习时长货币化，兑换打印服务、专业咨询等权益，月留存率提升至68%，构建了私域流量池，为跨界合作奠定基础。杭州某社区则联合闲鱼开展"空间共享计划"，居民出租地下室作为迷你仓库，平台抽取15%服务费，单个20m²空间年创收超2万元，既盘活了存量资产，又创造了就业机会。

这些案例揭示出核心规律：在懒人经济赛道获胜的企业，必须同时具备资源整合力、需求洞察力和价值再造力。通过打破既有要素组合、捕捉隐性痛点和构建新盈利模式，企业能够在激烈的市场竞争中脱颖而出，实现可持续发展。

随着技术发展的不断突破，"懒人经济"正迈向一个新的发展阶段，其核心在于从单一的资源复用向全面的生态共建转变。广州部分付费自习室已引入智能寄存柜，用户可随时存取在社区闲鱼上交易的书籍资料，实现了"空间×物品"的复合复用模式。北京也有社区开始尝试将自习室的闲置时段转化为二手书交换空间，这些创新举措不仅丰富了服务内容，也预示着新业态的诞生。

然而，在推进这一融合趋势的过程中，必须警惕盲目追求"轻资产化"的误区。调研数据显示，成功的"懒人经济"项目往往具备深度运营的特点。付费自习室领域的前十品牌，平均配备 4.7 名专职运营人员，远超行业平均水平；而社区闲鱼的活跃站点，也通过建立用户委员会等形式，加强社区管理和服务。这些实例表明，"懒人经济"并非简单搭建一个平台就能轻松获利，而是需要构建精细化运营的"护城河"，以提升用户体验和服务质量。

在消费升级和技术革命的双重驱动下，资源复用型商业正逐渐从补充业态进化为基础设施。这一转变体现在三个方面：一是服务种类的多样化，从最初的单一空间租赁或物品交易，扩展到包括打印、咖啡、阅读等在内的多元化服务；二是运营模式的智能化，通过 AI 预测需求波动，动态调整资源分配，确保每个空间、每件物品都能在正确的时间出现在需要的人面前；三是用户参与的深化，通过建立用户委员会、举办社区活动等方式，增强用户对平台的归属感和忠诚度。

总而言之，"懒人经济"的未来演进方向是从资源复用向生态共建转变。这要求企业不仅要注重技术和模式的创新，更要关注用户需求的变化和体验的提升。只有这样，才能在激烈的市场竞争中立足并取得长远发展。同时，这也为我们提供了一个全新的视角来审视和规划未来的商业模式和服务形态。

健康管理：代餐、智能健身镜与"躺着瘦"的生意

在当今"时间即货币"的快节奏社会中，"高效懒"已成为一种全新的消费理念。据 QuestMobile 数据显示，中国"懒人经济"用户规模已然突破 3.2 亿，其中健康管理领域呈现出三大鲜明的特征。

场景碎片化方面，高达 77% 的消费者倾向于"非接触式健康管理"，彻底打破了传统健康管理受时空限制的局面。决策被动化趋向也十分突出，算法推荐取代了传统的主动研究，超 60% 的代餐消费者通过短视频完成购买决策。效果速成化追求同样不容忽视，83% 的用户期望在 28 天内就能看到效果，这也催生了技术驱动的即时满足模式。这种需求变化直接促使健康管理产业从"专业服务型"向"傻瓜操作型"转变。2024 年，中国大健康产业中"懒人友好型"产品占比高达 41%，与五年前相比提升了 27 个百分点。

在代餐市场，食品工业发起了精准狙击。2024 年代餐市场规模突破 2000 亿元，年复合增长率高达 59%，且渗透率不足 30%，蓝海特征显著。其中女性贡献了 70% 的销售额，"控糖＋社交"成为核心卖点。

创新逻辑体现在多个方面，场景从单一减肥扩展到加班应急、营养代餐等 12 个细分场景；技术上，超临界萃取技术使代餐棒热量降低 40%，冻干工艺保留 90% 营养素；营销上，WonderLab 联名喜茶 3 天售罄 50 万瓶，验证了"奶茶化代餐"模式的成功。典型案例如薄荷健康，通过"AI 营养师 + 订阅制"的模式，用户年均复购达 7.2 次，客单价提升至 428 元。

智能健身镜则实现了家庭场景的科技突围。2024 年其全球市场规模达 62 亿美元，中国小度添添、FITURE 双雄争霸，分别占据 38%、29% 份额。智能健身镜的价值重构路径清晰，体验升级上，4D 体感捕捉精度达毫米级，动作纠错响应时间缩短至 0.3 秒；内容生态上，FITURE 年课程产能超 5000 节，还开发广场舞课程吸引银发群体；商业模式上，硬件毛利率控制在 15%，通过"99 元 / 月订阅服务"实现盈利倍增。小度添添 M30 通过"硬件降维 + 内容升维"策略，将用户获取成本降低 62%，首年出货量突破 15 万台。

"躺着瘦"经济更是开启了医美科技的暴利游戏。药物派中，司美格鲁肽类产品年销售额超 80 亿元，灰色渠道溢价达 300%；物理派的钻石酷塑冷冻减脂单次客单价 3800 元，复购率高达 73%；数字派的 5G 光雕技术实现脂肪细胞精准爆破，毛利率突破 90%。某医美机构引入冷冻减脂仪后，短短 6 个月就收回 120 万元设备成本，客群转化率是传统项目的 2.4 倍。这些无不彰显着懒人经济在健康产业中的巨大潜力和影响力，推动着健康产业不断变革与发展。

需求锚点：人性弱点的商业化包装

时间焦虑是现代人的通病，代餐在此背景下应运而生，它能节省日均 47 分钟烹饪时间，大大满足了人们在快节奏生活中对时间的渴望。社交恐惧也促使了健身镜的发展，73% 的健身镜用户因"避免健身房凝视"而付费，足见其市场需求。

技术杠杆：从概念到现金流的加速器

纳米包裹技术让代餐吸收率提升至 92%，为消费者提供了更高效的营养摄取方式。健身镜搭载 3Tops 算力芯片，实现了实时代谢测算，为用户带来个性化的健身体验。射频溶脂设备通过 CE 认证，溢价能力提升 40%，彰显了技术在产品价值提升中的关键作用。

生态构建：用户生命周期价值挖掘

Keep 推出"代餐 + 健身镜 + 手环"组合套餐，ARPU 值提升至 1599 元，通过整合产业链，实现了用户价值的深度挖掘。某连锁医美机构建立"冻脂客户—营养代餐—私教服务"转化链条，LTV 增长 3.8 倍，打造了全方位的健康服务体系。

未来趋势与风险预警

政策红利带来了巨大的市场空间，《"健康中国 2030"规划纲要》的发布将释放万亿市场。同时，技术突破如 AI 营养师、柔性电子皮肤等创新即将商用，为产业发展注入新动力。然而，代餐行业标准缺失引发 71 起食品安全诉讼，医美器械山寨率超 60%，监管风暴即将来临，给行业敲响了警钟。健身镜用户月活衰减率高达 58%，内容严重同质化，也是亟待解决的问题。

当"懒"成为刚需，健康管理产业正在经历价值重估。企业若能精准把握"人性弱点与技术创新平衡点",将在消费升级中占据优势。正如彼得·德鲁克所说:"企业的唯一目的就是创造顾客。"在懒人经济时代,企业的使命是让顾客优雅地变"懒",满足他们日益增长的健康需求,实现可持续发展。

第五章

创业方法论：
零门槛暴利模式

需求挖掘公式：高频、低价、低决策成本的"懒人三原则"

在传统商业观念中，"勤劳致富"被视为真理，而如今，当代商业正经历着一场由"懒人"主导的深刻变革。目前，中国"懒人经济"年均增速也在加快，这一现象背后的底层逻辑值得深入剖析。

技术进步是懒人经济崛起的关键驱动力。在过去，"懒惰"往往受到道德批判，但随着科技的发展，它摇身一变成为商业创新的重要源泉。外卖平台将配送时间大幅压缩至 30 分钟，让消费者无须出门就能享受美食；智能家居更是实现了"动口不动手"的便捷控制，如语音指令控制灯光、电器等设备。这些技术创新系统性地满足了消费者对于"省时、省力、省心"的需求，进而形成了"高频、低价、低决策成本"的黄金三角法则。高频意味着消费者频繁使用相关产品或服务，如每日点外卖、使用智能家居设备等；低价使得产品或服务能够被更广泛的消费群体接受，降低了尝试门槛；低决策成本则让消费者在选择过程中无须过多思考和犹豫，快速做出购买决策。

瑞幸咖啡就是懒人经济的成功实践案例之一。它精准定位写字楼场景，推出"App下单+自提/配送"模式，将决策链条精简至三步：选择品类→支付→取餐。这一模式的核心在于多个关键策略的协同作用。

高频触达方面，通过9.9元常态化促销锁定每日咖啡需求，无论是上班族还是其他消费者，每天都可能因为性价比而选择瑞幸咖啡，形成了稳定的消费习惯。低价策略上，瑞幸击穿了星巴克的价格带，让更多人愿意尝试并持续购买，扩大了消费群体基础面。零摩擦决策上，LBS定位自动推荐最近门店，减少了用户的思考成本，消费者无须花费精力去寻找门店或比较价格，极大地提升了消费体验。

正是这套组合拳，使得瑞幸咖啡在2023年实现营收249.03亿元，充分验证了"懒人三原则"的强大商业爆发力。它不仅改变了咖啡市场的竞争格局，还为其他行业提供了借鉴范例，推动了整个懒人经济的发展与壮大，让商业更加顺应人性对便捷舒适的需求，开启了从"反人性"到"顺人性"的消费革命新篇章。

懒人经济蓬勃发展，其背后的"高频、低价、低决策成本"黄金三角法则在众多商业实践中有着生动体现。

高频法则致力于将服务融入日常生活，打造肌肉记忆式消费。美团跑腿便是典型例子。它的场景渗透极为广泛，从代取文件、挂号到节日代送礼物等，涵盖了8大类200多种细分需求，全方位覆盖用户生活场景。通过"30分钟响+1小时达"的标准化服务，高效构建服务密度，让用户逐渐养成"遇事找跑腿"的习惯。同时，美团跑腿借助数据分析用户历史订单，精准预判需求并合理调配运力，使得复购率大幅提升40%。2023年美团即时配送订单量高达218亿笔，充分彰显了高频服务已然成为城市生活的必需品，如同水电煤一般不可或缺。

低价法则旨在重构性价比的认知边界。社区团购平台美团优选采用"以销定采"模式，有效减少中间环节损耗，成功使生鲜价格降低30%，让消费者以更低价格享受新鲜食材。拼多多的"农地云拼"模式则通过聚合碎片化需求，把芒果、榴莲等高价水果变为日常消费品，充分发挥规模经济效应。此外，拼多多的"先用后付"、京东的"白条免息"等金融创新工具，从支付体验优化角度入手，降低了消费者的价格敏感度，实现了质价比的跃迁。

低决策成本作为商业终局的胜负手，对企业意义重大。领先企业通过三层设计达成"无脑下单"。认知简化方面，东方甄选利用"文化直播"替代传统的比价方式，让用户为情感价值买单；山姆会员店采取"严选 SKU"策略，将选择范围精简至 4000 个单品，决策效率提升 3 倍。流程极简方面，抖音电商的"看视频→点击小黄车→刷脸支付"三步闭环，相比传统电商减少 5 个操作节点；小米生态链产品实现"开箱即用"，安装步骤减少 70%。信任强化方面，盒马的"无条件退货"政策消除用户试错焦虑；知乎"盐选会员"凭借内容 IP 化降低知识付费决策门槛，共同推动相关企业赢得市场竞争优势，助力懒人经济模式的持续发展与壮大。

懒人经济正不断演进，其商业进化方向呈现出两大显著趋势。从标准化迈向个性化，"懒人经济 2.0"借助 AI 实现了"精准偷懒"。饿了么依据用户历史订单、地理位置以及天气数据，在暴雨天主动推送姜茶与雨具，精准满足特定场景下用户的需求。滴滴则运用机器学习模型，于通勤高峰前 30 分钟预调价格，既平衡供需又缓解用户等待焦虑。自如 App 推出的"搬家＋保洁＋收纳"一键打包服务，使客单价大幅提升 150%，通过整合服务为用户提供极大便利。

从工具升级至生态构建，是懒人经济发展的又一关键路径。美团以外卖为切入点，拓展至买菜、买药、家政等多元服务，月均用户打开频次高达 23 次，深度融入用户生活。抖音整合短视频消费、本地生活与电商购物，营造"刷即是买"的沉浸式体验。特斯拉的"充电时自动下单咖啡"功能充分挖掘用户等待时间的衍生需求。宜家利用 AR 技术实现"虚拟摆放→一键下单"，将决策时间大幅缩短至 20 分钟。

懒人经济背后蕴含着深刻的商业哲学。反效率陷阱方面，便利蜂借助"算法选品 + 智能货架"使门店补货效率提升 60%，表明真正的效率在于让系统变得复杂，从而让用户享受简单。人性洞察红利方面，拼多多的"砍一刀"设计尽管存在争议，但精准契合了人性中"低成本获取超额回报"的弱点，曾单季度实现用户增长 4890 万人。然而，长期主义悖论也不容忽视，泡泡玛特虽凭借"盲盒 + 社交裂变"迅速壮大，但需谨防过度依赖低决策成本而致使品牌空心化。

总之，懒人经济并非倡导懈怠，而是以商业创新将人类从重复劳动中解放出来。当"高频、低价、低决策成本"黄金三角法则成为新商业准则，企业的核心竞争力将聚焦于"更优雅地满足人性本质需求"。未来的万亿市场，极有可能潜藏于这"让人变懒"的智慧之中，持续推动商业世界变革与发展，开启全新商业篇章。

轻资产模式：社区跑腿平台如何靠整合资源月入百万元

  "懒人经济"催生出万亿市场新风口，其本质是社会分工细化与效率优化的结晶。2024年，中国即时配送市场规模不断扩大，社区跑腿服务贡献了其相当比例的订单增量。这一需求具有高频化、场景碎片化和下沉化的特点，月均使用频次达12.3次，涵盖代购、代取、代办等68类服务，三线城市订单增速是一线城市2.1倍。杭州某社区跑腿平台整合周边3公里内商户资源，实现用户从"出门消费"到"服务到家"的转变，单日订单峰值突破5000单，成功验证了轻资产模式的核心逻辑，即通过平台化运营连接供需两端，形成闭环。

  社区跑腿的轻资产运营有独特方法论。在资源整合上，从商户联盟、共享骑手体系和数据资产沉淀三个维度展开。商户联盟方面，与500米生活圈商家签订分佣协议，如便利店每单抽佣15%、鲜花店抽佣20%，构建稳定B端（企业用户）收入源。共享骑手体系采用"自带工具＋弹性接单"模式，使骑手转化成本降低72%，武汉某平台整合零工资源实现24小时运力覆盖。数据资产沉淀则通过分析用户行为优化服务组合，深圳某平台发现代遛狗服务需求暴增后推出宠物护理增值包。

社区跑腿服务通过整合资源、优化运营，在满足用户多样化需求的同时，实现了自身的商业价值。它不仅为消费者提供了便捷，也为经济发展注入了新活力，成为懒人经济中的一颗璀璨明珠，推动着相关产业不断向前发展，展现出巨大的市场潜力和商业前景。

重庆大学城的"校易达"平台初期仅投入1.2万元搭建小程序系统，却凭借精妙的策略实现月营收破百万。其场景化服务设计极具针对性，推出的"考试周服务包"精准击中学生痛点。图书馆占座每次收费5元，资料打印每页仅需0.3元，夜宵配送还免排队费，全方位满足学生在考试周的紧急需求。其社交裂变机制更是一绝，邀请3位好友注册就能赠送"应急代课"服务1次，这一举措极大地激发了学生的传播热情，转化率高达47%。此外，通过与校内打印店进行资源置换合作，代取订单后分成，助力单店月均增收8000元，实现了平台与商家的互利共赢。

而在社区养老服务领域，上海的"银龄帮"平台也交出了一份亮眼的答卷。该平台聚焦老年群体，针对老年人的医疗需求，接入12家社区医院，打造高效的医药服务网络，确保代取药服务响应时间小于15分钟，让老年人能及时获取所需药品。智能穿戴设备的引入更是一大创新亮点，老年人只需一键呼叫，跑腿员即可迅速响应，不仅方便了老人，更使客单价提升至38元，远高于行业均值22元。同时，巧妙地将适老化改造补贴转化为服务券，有效缩短了复购周期至6.2天，增强了用户的黏性与忠诚度。

这两个案例从校园到社区，从年轻学子到老年群体，充分展示了懒人经济在不同场景、不同人群中存在的巨大潜力。它们以精准的需求洞察为基石，以创新的服务设计与运营策略为支柱，成功开辟出从0元到月流水200万元的商业道路，为同行业的创业者提供了宝贵的借鉴经验，也让我们看到了懒人经济在未来多元化发展的无限可能。

在当今快速发展的互联网时代，懒人经济已逐渐成为推动社区跑腿平台蓬勃发展的关键力量。当前，头部平台正经历着一场深刻的变革，从以往单纯地撮合交易向全面构建服务生态的战略方向转变。这一转变不仅是对市场变化的敏锐适应，更是对用户需求和社会责任的深刻回应。

供应链金融赋能成为平台提升竞争力的重要一环。以某知名平台为例，通过为合作商户提供订单质押贷款，有效缓解了商户的资金压力，使其能够更加专注于业务拓展和服务质量的提升。这一举措成效显著，商户留存率提升了31%，为平台的稳定发展奠定了坚实基础。同时，物联网技术的融合也带来了配送效率的极大提高。智能快递柜的接入率高达78%，极大地降低了末端配送成本，降幅达40%。这不仅提高了配送效率，还增强了用户体验，使消费者能够更加便捷地收取包裹，进一步提升了平台的吸引力。

在追求商业利益的同时，社区跑腿平台也在积极履行社会责任，展现出企业的社会担当。与残联合作培训残障骑手，就是这一理念的生动实践。这种合作模式不仅为残障人士提供了就业机会，促进了社会的包容与和谐，还为平台带来了意想不到的收获。品牌美誉度得到显著提升，消费者对平台的认可度和信任度大幅增强，进而带动客单价增长19%。

在懒人经济的有力驱动下，社区跑腿平台正在从根本上重构本地生活服务的底层逻辑。它们不再仅仅是简单地创造新的需求，而是将既有的需求以更加高效、便捷、优质的形态呈现出来。这种轻资产模式的成功，绝非偶然，其本质在于商业智慧与社会价值的深度共振。平台在追求商业目标的同时，积极关注社会需求，通过创新的服务模式和运营管理，实现了经济效益与社会效益的双赢。这不仅为自身的可持续发展奠定了坚实基础，也为整个行业树立了榜样，引领着社区跑腿服务乃至整个本地生活服务行业朝着更加规范、健康、可持续的方向蓬勃发展。

流量裂变术：押金模式、扫码裂变与私域变现

在当今由"懒人经济"主导的消费时代，大众对于能够节省时间与精力的追求持续攀升，这促使企业不断探索、创新商业模式，以契合消费者日益增长的便捷需求。其中，押金模式、扫码裂变与私域流量变现三大核心工具，成为构建这一全新商业生态的关键要素，它们遵循着"用户不动，流量自转"的理念，深刻重塑了商业运行的逻辑与路径。

押金模式巧妙地利用了沉没成本效应，在共享经济领域表现尤为突出。以某共享充电宝品牌为例，其推出的"99元押金终身免租"策略，

精准捕捉到了用户畏惧烦琐退款流程的心理，从而有效锁定了用户群体，降低了用户流失率。用户出于对已支付押金的不舍，更倾向于持续使用该服务，以保障前期投入能够换来长期便利。与此同时，社区生鲜平台将押金与会员权益深度捆绑，预付 200 元押金即可畅享全年配送费减免以及优先配送特权，这一举措使得预付会员的月复购率相较于普通用户大幅跃升 47%，客单价亦显著提高 32%。这种将押金转化为长期消费动力的模式，深度契合了懒人群体追求稳定、厌恶麻烦的核心特质，实现了用户与企业的双赢局面。

扫码裂变则凭借其简洁易行的操作设计，成功搭建起被动式传播网络，为流量增长开辟了新的渠道。瑞幸咖啡的"邀请 1 位好友各得 1 杯"活动堪称经典案例，用户仅需扫描咖啡杯上的二维码，便能一键生成分享链接并自动分享至朋友圈，整个流程简单流畅，极大地降低了用户的参与门槛。这种"举手之劳换福利"的模式，充分调动了用户的积极性，使其在无意识间成为品牌传播的有力推动者。

私域流量池已然成为企业竞相争夺的战略要地，其蕴含的终极价值便是塑造出"不销而售"的理想消费情境。这一独特商业模式，巧妙地迎合了消费者追求便捷与高效的核心诉求，通过深度挖掘用户惰性中潜藏的消费潜力，构建起一套完整且高效的商业闭环。

以某网红螺蛳粉品牌为例，其在企业微信平台构建的私域流量池中，借助 AI 客服的强大功能，自动为用户推送精心打造的"懒人套餐"。当用户回复简单数字"1"时，便能瞬间触发仅需 30 秒的快速下单流程。该系统凭借对用户历史订单数据的深度分析，精准推荐符合个人口味偏好的常购商品组合，并依托微信支付的便捷性，实现秒级结算。这一创新举措成效显著，成功将用户的复购周期从原本的 7 天大幅缩短至 3 天，客单价亦实现了 26% 的显著增长。这种模式不仅简化了购物流程，更极大地提升了用户的消费体验，使该品牌在激烈的市场竞争中脱颖而出。

社区团购领域的"懒人拼团"模式同样展现出了巨大的商业创造力。团长在活跃的微信群中推出"自动跟团"功能，用户只需轻点"跟团上周订单"，系统便会智能复用历史购买清单，轻松完成下单操作。相关数据显示，自该功能启用后，用户的周下单频次从 1.2 次跃升至 2.5 次，且高达 90% 的订单在短短 30 秒内即可顺利完成。这种"零操作复购"机制深刻洞察了用户追求便捷的心理，将用户的惰性巧妙地转化为强大的商业势能，为社区团购的持续发展注入了强劲动力。

从这些成功案例中，我们可以深入剖析出在懒人经济驱动下，实现有效流量裂变需遵循的三大核心法则。其一，触点隐形化，即巧妙地将商业行为融入用户的日常行动线之中，如瑞幸咖啡的杯码设计以及写字楼智能早餐柜的扫码模式，使用户在无意识间自然地与品牌产生交互。其二，决策自动化，借助大数据技术精准预测用户需求，像自动跟团和智能推荐功能，为用户提供个性化、便捷化的服务体验。其三，回报即时化，确保用户每一次与品牌的交互都能获得及时、确定的反馈，例如将押金转化为可兑现的权益以及扫码即刻获取红包等，增强用户的参与感和忠诚度。

品牌塑造：用"懒人友好"标签占领用户心智

在当今的商业领域中，品牌专家提出的"用户心智争夺战"在懒人经济领域展现出独特的发展态势。Quest Mobile（国内移动互联网大数据公司）数据显示，中国的懒人经济中，Z世代占比超60%。这一群体追求品质生活的同时渴望效率提升，正重塑商业世界的游戏规则。

懒人经济的本质是"时间成本经济学"。美团的"30分钟必达"售卖的是时间确定性，北鼎养生壶搭配预制汤料包则是用系统化方案置换用户时间消耗，由此催生了决策路径简化、服务响应瞬时化、体验交付集成化的消费特征。

在懒人友好品牌的构建中，需求洞察至关重要。从痒点到痛点的转变是关键，如九阳免洗破壁机的成功。其将传统12步操作简化为3步，配套智能食谱云平台让决策成本归零，背后是2000+小时用户行为观察提炼出的22个核心痛点，这种"极简式体验"让消费者愿意支付溢价。

产品创新方面，隐性技术显性化是重要策略。小熊电器的恒温烧水壶把复杂的 PID 算法转化为"一键 45℃冲奶"功能，销量大增。其采用的北欧极简设计弱化了技术复杂性，圆形屏显温度提示强化掌控感，形成"智能而不复杂"的认知闭环，印证了"好看即好用"效应。

场景再造也能创造新物种。自嗨锅通过将火锅场景解构成"食材包 + 发热包 + 餐具"的极简组合，保留仪式感的同时剔除准备工序，借助军用食品技术民用化的策略，成功创造"一人食火锅"新品类。

传播策略上，指令式沟通法则效果显著。咖啡品牌三顿半"三顿半，三秒即溶"的标语简单粗暴且有记忆点，在抖音平台通过"冻干咖啡 + 冰牛奶 =20 秒拿铁"的模板化教程，将产品植入用户生活脚本，使"懒人咖啡"成为社交货币。

在懒人经济时代，企业需深入理解消费者需求，通过精准的需求洞察、创新的产品设计与功能优化、巧妙的场景再造以及有效的传播策略，构建懒人友好品牌，从而在激烈的市场竞争中抢占先机，赢得消费者的青睐与忠诚，实现可持续发展。

在当今商业世界中，心智占位对于品牌的发展至关重要。以叮咚买菜为例，当传统生鲜电商聚焦于 SKU 数量竞争时，叮咚买菜的"快手菜"系列却另辟蹊径。其"蔡长青小龙虾尾"通过"-18℃急冻锁鲜"与秘制调料包，让用户只需"解冻—加热—出锅"5 分钟就能完成就餐体验，配套的智能菜谱 App 利用 AR 技术指导摆盘，解决了"好吃却难看"的痛点，预制菜复购率高达 63%，远超行业均值 7%。这一系列举措成功实现了心智占位，从烦琐的烹饪流程中将用户解放出来，让用户对叮咚买菜形成了独特的认知与依赖。

然而，并非所有自诩懒人经济的品牌都能成功。某智能衣柜品牌集成了 AI 搭配、自动熨烫等功能，但复杂的 App 操控和每周耗材更换设计反而增加了使用负担，陷入了"虚假友好标签的反噬效应"。这提醒我们，真正的懒人友好应是"无感化服务"，而非制造新的操作焦虑，品牌应避免陷入"伪懒人经济"的陷阱。

随着生物识别、环境计算等技术的发展，懒人友好正朝着"预测式服务"进化。美的空调的"智能哨兵模式"通过人体传感器自动调节送风角度和温度，Keep 的"AI 膳食管家"依据运动数据生成个性化食谱并联动生鲜平台配送，这种"比你更懂你"的服务，将"个人心智标签"理论推向新高度，品牌从响应用户需求转变为创造需求。

同时，懒人经济的终极战场是文化认同。当"懒"不再是道德贬义词，而是"高效生活家"的勋章时，品牌需构建深层价值共鸣。例如，日本 DUSKIN（得斯清）品牌将除尘拖把塑造为"生活艺术家工具"，中国品牌也可将懒人经济升格为"新效率主义"的文化运动。

在注意力稀缺时代，懒人友好标签的本质是认知税减免。企业若将复杂留给自己，把简单交给用户，就能书写新消费时代的王者法则，完成从功能提供者到生活合伙人的终极蜕变，在懒人经济这片红海中闯出一片新天地，赢得消费者的青睐与忠诚。

风险规避："懒人经济"创业的三大陷阱与破局之道

在快节奏的现代生活中，人们时间愈发碎片化，为追求高效便捷，"懒人经济"应运而生。从外卖解决三餐，到扫地机器人、洗碗机等智能家电承包家务，再到线上购物、代跑腿服务等兴起，消费者对便捷生活的需求不断攀升，催生出庞大的市场空间。不少创业者瞄准这一趋势纷纷入局，试图分得一杯羹。然而，在这看似繁荣的表象下，"懒人经济"创业实则暗藏陷阱。

"懒人经济"创业的三大陷阱

·伪需求狂欢——场景错位的商业幻觉

2023 年，某智能炒菜机项目投入千万元研发，却因忽略了中国厨房场景的社交属性和操作惯性，导致产品复购率不高。其本质在于将"操作懒惰"等同于"思维懒惰"，忽视了消费者的深层需求。

消费者愿意为节省的时间支付溢价，但同时要求提供等价的情绪价值，如外卖包装的仪式感设计。此外，72% 的用户会因选择过多而放弃购买，所以智能推荐算法比单纯功能叠加更重要。而且，家政服务用户不仅购买清洁功能，更购买"家庭关系缓冲剂"中发挥的情感价值。企业应深入了解消费者的需求，避免陷入"伪需求"的误区。

·效率囚笼——成本结构的失控危机

某即时配送平台因过度补贴形成"1元跑腿"畸形模式，客单价长期低于运营成本，最终资金链断裂。这警示企业要重视成本管控。

传统模式下，人力成本采用固定薪资制，流量成本依靠地推获客，损耗成本则是被动式补货。而在懒人经济优化方案中，人力成本可采用动态接单系统和AI排班，节约23%的人力；流量成本通过私域社群裂变，获客成本降低40%；损耗成本利用需求预测算法，库存周转率提升3倍。合理控制成本，企业才能实现可持续发展。

·技术幻象——数字化陷阱的认知偏差

某智能货柜企业过度依赖面部识别技术，忽视老年群体操作障碍，丢失27%的潜在客群。这表明企业在技术应用上不能盲目追求高科技，而应遵循技术应用三阶法则。

工具阶段，如扫码开门、自动结算等基础功能是必要的非充分条件。数据阶段，通过消费记录预测补货周期，这才是效率提升的关键。生态阶段，与健康管理App联动，输出饮食建议，这能够创造增值服务点。企业应根据市场需求和技术成熟度，合理应用技术，避免陷入数字化陷阱。

在懒人经济的浪潮中，企业面临着诸多挑战，但也迎来了前所未有的机遇。为了在激烈的市场竞争中脱颖而出，企业需要建立反脆弱的商业体系，实现可持续发展。

破局之道

·需求验证双螺旋模型

家政平台"懒猫生活"通过 50 单免费深度保洁服务，成功挖掘出"收纳咨询"增值服务需求。这得益于最小可行性产品（MVP）测试的应用。同时，采用 NLP 情绪分析技术，实时解析 3 万 + 用户评价中的潜在需求，动态跟踪用户需求变化，为企业的产品研发和服务优化提供了有力支持。

·弹性成本结构设计

某社区团购平台通过合理的人力、仓储和流量弹性设计，实现了成本的有效控制。全职骑手与社区宝妈配送员按照 1：3 配比，旺季人力成本仅增 15%；与便利店共享仓储空间，节省 38% 固定支出；KOC 分销体系贡献 65% 订单，降低了平台对流量的依赖。这种弹性成本结构设计，使企业能够在不同市场环境下灵活应对。

·技术—人文双轮驱动

智能健身镜品牌 Mirror 的成功，得益于其在硬件、软件和生态端的卓越表现。在硬件端，3D 体感捕捉精度达毫米级；在软件端，开发"懒人暴汗套餐"，20 分钟课程消耗 500 千卡；在生态端，接入医院健康管理系统，拓展医疗付费场景。这表明，企业不仅要有强大的技术实力，还要具备深刻的场景洞察力，实现技术与人文的双重驱动。

随着 AI Agent（人工智能体）技术的普及，2025 年的商业竞争将聚焦于预测式服务、无感化体验和道德供应链三大战场。例如，冰箱自动下单补货系统提前 48 小时预判需求，脑机接口技术实现"意念点单"

原型测试，碳足迹可视化系统满足懒人"可持续偷懒"的新需求等。这些创新将进一步推动懒人经济的发展，提升社会总效率。

总之，懒人经济的本质是通过商业创新满足人们对便捷、高效生活的追求。企业只有深入理解"懒"背后的时间经济学、体验心理学和技术哲学，才能在这个万亿赛道中转化为真正的价值蓝海。从美团外卖的万物到家，到大懒人冒菜的餐饮革新，成功者的案例为我们提供了宝贵的经验。

第六章

成功案例解码：
如何靠"懒"
年入百万元

杭州家政女王：懒人保洁如何靠"去中介化"赚300万元

　　杭州某高端小区内，"90后"家政创业者张莉的故事是"懒人经济"这一变革的生动写照。张莉带领的团队依托小程序接单系统，将深度保洁、收纳整理、宠物托管等多达18项服务精准推送至周边3公里内的年轻家庭。这种创新的"半小时生活圈＋即时服务"模式，极大地提升了服务的便捷性和时效性，让"懒猫管家"小程序迅速赢得了市场的青睐。2024年，该公司年营收成功突破300万元，这不仅是对张莉创业眼光的肯定，更是懒人经济重塑传统家政行业的有力证明。

　　数据显示，中国懒人经济市场规模已达到惊人的万亿级别，其中"85后""90后"群体成为这一消费趋势的主力军，贡献了高达72%的消费份额。这个年轻群体展现出了鲜明的消费特征：首先，他们愿意为时间付费，追求高效便捷的生活方式，据统计，64%的用户选择包月服务以享受持续稳定的服务体验；其次，他们更加注重服务的专业化水平，73%的消费者倾向于选择持证保洁员等专业人士提供的服务；此外，情感连接也是他们选择服务时的重要考量因素，高达91%的用户表示更倾向于信任固定的服务人员。

然而，传统中介平台在这一变革中暴露出了诸多问题。高昂佣金抽成不仅增加了服务成本，也加剧了服务提供者与消费者之间的矛盾。同时，这些平台往往难以满足消费者对服务透明化、个性定制化的需求，导致服务质量参差不齐，用户体验不佳。

懒人经济的崛起，不仅是一种消费趋势的变化，更是对服务业底层逻辑的重构。它要求服务提供者更加关注消费者的需求变化，通过技术创新和服务升级来提升用户体验；同时，也需要政府和社会各界加强监管和引导，推动服务业向更加规范化、专业化、个性化的方向发展。只有这样，才能更好地满足人民群众日益增长的美好生活需要，推动经济社会持续健康稳健发展。

在懒人经济蓬勃发展的当下，去中介化模型正成为服务业转型升级的关键路径。张莉团队通过构建数字化服务中台、社区化服务网络和职业化培训体系，成功打造了一道坚固的"护城河"，为传统家政行业的革新提供了宝贵经验。

数字化服务中台

张莉团队自主研发的智能派单系统，是数字化服务中台的核心。该系统利用先进的算法，将客户标签与保洁员技能矩阵进行精准匹配。客户标签涵盖了宠物家庭、过敏体质、收纳需求等多个维度，而保洁员技能矩阵则包括宠物护理、除螨认证、空间规划等多项专业技能。这种精准匹配不仅提高了服务响应速度，还确保了服务的质量和满意度。系统上线后，服务响应速度提升了40%，客户满意度高达98.7%，复购率也突破了 65%。这一成果充分证明了数字化服务中台的高效性和可靠性。

社区化服务网络

为了更贴近消费者，张莉团队在钱江世纪城试点了"网格化合伙人"模式。每个社区都发展了一名"社区管家"，他们负责 15～20 个家庭的深度维护。这些管家不仅是服务提供者，更是需求收集者。他们通过深入了解社区居民的生活习惯和需求，推动服务从标准化向定制化升级。例如，一位"90 后"管家针对电竞爱好者的需求，开发了"电竞房深度保养"服务，单月创收超 8 万元。这种社区化服务网络不仅增强了消费者的黏性，还为服务创新提供了源源不断的动力。

职业化培训体系

为了提升保洁员的专业素养和服务质量，张莉团队建立了"技能银行"认证制度。该制度将收纳整理、奢侈品养护等 32 项细分技能模块化，保洁员可以通过考核获得技能积分。这些积分直接与订单溢价挂钩，激励保洁员不断提升自己的专业技能。例如，一位"95 后"保洁员凭借"婴幼房无菌清洁"专项认证，时薪从 50 元提升至 120 元。这种职业化培训体系不仅提高了保洁员的收入水平，还为他们提供了广阔的发展空间和晋升机会。

在懒人经济的大潮中，两个经典商业案例揭示了服务业革新的财富密码，为行业提供了宝贵的启示。

钱阿姨的"私域流量"裂变

原中介平台保洁员钱芳芳，通过企业微信搭建私域社群，实现了服务流程的可视化和透明化。她将服务流程拆解为 78 个可视化节点，客户可以通过直播观看清洁过程，这种"透明工坊"模式极大地增强了客户的信任感和参与感，客单价因此提升了 40%。更值得一提的是，钱芳芳还推出了"家庭健康档案"服务，通过检测粉尘螨虫数据提供定制清洁方案，这一创新举措带动了包年订单的显著增长，增幅高达 300%。

"懒猫管家"的会员制革命

"懒猫管家"通过推出 1999 元 / 年的黑金会员服务，成功打造了一套会员体系。该会员服务包含 12 次基础保洁、4 次深度养护以及专属管家服务，通过交叉销售带动了周边收入，例如，与本地洗衣店合作分成、智能家电清洁耗材销售等。这套会员体系不仅贡献了 58% 的营收，更使得深度用户生命同期价值（LTV）达到了 6800 元，显著提升了企业的盈利能力和客户黏性。

行业启示录：懒人经济的商业进化

从这两个案例中，我们可以提炼出懒人经济下服务业的商业进化路径。

服务产品化思维：将非标服务拆解为可量化的"服务模块"，如按平方米计价的除螨服务、按储物单元收费的收纳服务等，这些举措提高了服务的透明度和可交易性。

数据资产沉淀：清洁过程中收集的环境数据（如甲醛含量、尘螨密度）正在成为新的盈利点。某团队通过向空气净化器厂商出售数据，年增收 120 万元，实现了数据的价值最大化。

跨界生态构建：与物业公司合作开展"家庭健康巡检"，与保险公司开发"家政责任险"等，构建了跨界生态，生态化收入占比已突破22%，为企业带来了更多的增长点和可能性。

情人节灯牌：浪漫刚需的心理学设计

自 2020 年以来，一个独特的商业现象悄然兴起，那就是情人节灯牌生意的迅猛发展。这一市场以年复合增长率超 40% 的速度增长，成为一条暴利的新赛道。其背后，是懒人经济与节庆消费的深度耦合，以及当代年轻人对浪漫需求的全新表达。

随着生活节奏的加快，当代年轻人面临着前所未有的压力。他们渴望在生活中寻找一些能够即时满足、又无须过多投入时间和精力的方式，来表达自己的情感。这种需求，与懒人经济的核心理念不谋而合。同时，节庆消费如情人节，往往伴随着复杂的仪式和筹备工作，这对于追求高效和便捷的年轻人来说，无疑是一种负担。

在这样的背景下，"即买即用型浪漫解决方案"应运而生。情人节灯牌，作为一种具象化的情感载体，不仅满足了年轻人传递情感的需求，还以其便捷性和高效性，赢得了市场的青睐。相比于 DIY 手工礼物较长的制作周期，预制灯牌实现了"下单即完成情感表达"的终极懒人模式，极大地压缩了决策成本。

　　此外，社交媒体平台的兴起，也为情人节灯牌生意的火爆提供了强大的助力。抖音、小红书等平台上的"＃情人节氛围感＃"话题，使得灯牌从实用品升级为打卡刚需。用户愿意为这种"拍摄即出片"的效率支付溢价，以满足他们在社交媒体上展示自我、分享生活的需求。这种社交货币兑换需求，进一步推动了情人节灯牌市场的繁荣。

　　与此同时，风险对冲心理也在消费者购买决策中起到了重要作用。相比鲜花超 32% 的损耗率和定制礼物 17.6% 的退货率，标准化灯牌以其稳妥性和仪式感，成为消费者心中的礼物最优解。这种风险与收益的权衡，使得消费者更加倾向于选择那些能够带来稳定情感价值的产品。

　　简而言之，懒人经济与浪漫需求的商业耦合，在情人节灯牌生意上得到了完美的体现。这一现象不仅反映了当代年轻人生活态度和消费观念的变化，也为商家提供了新的商业机遇和挑战。

案例一：古风花灯摊位的场景化变现

　　杭州"Sweetgo 手作"团队，通过模块化生产破解了手工制品规模化的难题，为传统花灯赋予了新的生命。他们巧妙地将花灯拆解为三个标准化组件，用户仅需 30 秒即可完成组装，极大地提升了产品的便利性和吸引力。这种懒人友好型设计，使得客单价从传统款的 68 元跃升至158 元，实现了产品价值的显著提升。

　　更为巧妙的是，团队采用了"时空折叠式销售"策略，在运河景区设置"灯牌＋汉服租赁"套餐。这一策略不仅丰富了游客的体验，还通过场景化营销极大地提高了销售效率。数据显示，单日坪效达到了惊人的 380 元／平方米，较纯灯牌销售提升了 2.7 倍。

此外，团队还引入了押金捆绑玩法，用户支付 500 元汉服押金即可兑换等值定制灯牌，这一举措成功吸引了大量用户参与，实现了 26.3% 的押金转化率。综合这些策略，该模式在情人节期间单摊位创收 9.8 万元，净利润率高达 57%，展现了强大的盈利能力。

案例二：智能灯牌订阅制服务

"GlowNow"科技公司则通过 AI 情感灯牌系统，为灯牌行业带来了革命性的变革。他们接入 ChatGPT 生成定制情话，有效解决了用户 73.6% 的内容创作焦虑，使得灯牌内容更加个性化、富有情感色彩。

同时，公司推出了云存储循环利用服务，用户只需支付年费 298 元，即可无限次数更换灯牌内容，这不仅降低了用户的使用成本，还使得硬件成本得以摊薄至每次使用仅 1.2 元。另外，公司将沉淀的押金池用于供应链金融，使资金周转率从传统的 1.8 次 / 年提升至 5.4 次 / 年，极大地提高了资金的使用效率。

这些创新举措使得"GlowNow"在上线首年即获得了 2700 万元营收，用户生命周期价值（LTV）更是达到了传统模式的 4.8 倍，充分展示了懒人经济下的创新潜力和商业价值。

在情人节灯牌产业蓬勃发展、行业毛利率普遍超过 60% 的背景下（远超传统零售业平均 15% 的水平），我们不得不警惕三大潜在风险，这些风险正悄然威胁着行业的未来。

情感阈值通胀已成为不容忽视的问题。过度标准化的生产模式，使得灯牌逐渐失去了其独特的情感价值。数据显示，复购率已从 2023 年的 68% 大幅下降至 2025 年第一季度的 53%，这无疑是对整个行业的警示。为了应对这一挑战，从业者需要更加注重产品的创新与差异化设计，满足消费者日益多样化的情感需求。

监管合规挑战也日益严峻。押金池管理作为行业的一大特色，如今却触碰了金融合规的红线。2024年，已有12家企业因资金挪用等问题受到处罚，这不仅损害了企业的声誉，也对整个行业的信任基础造成了冲击。因此，企业必须加强内部管理，确保押金使用得透明与合规，以维护行业的整体形象。

技术替代危机同样不容小觑。随着AR虚拟灯牌技术的兴起，实体产品的需求正在逐渐下降。测试数据显示，市场替代率已达19%，这对传统灯牌产业构成了巨大的威胁。为了应对这一挑战，从业者需要紧跟科技潮流，探索将虚拟现实等先进技术融入产品中，以提升产品的核心竞争力。

在这样的背景下，从业者需要沿着"情感计算＋场景深化"的方向进行转型。例如，开发搭载心率传感器的互动灯牌，实时显示伴侣的情绪波动，为消费者提供更加个性化、情感化的体验；与酒店业共建"灯牌情境房"，将单次消费转化为场景订阅服务，拓宽盈利渠道；引入区块链智能合约技术，实现押金体系的自动化合规清算，降低监管风险等。

在懒人经济与体验经济的双重驱动下，情人节灯牌产业正经历着深刻的变革。从"一次性暴利"向"情感服务生态"进化，不仅是行业发展的必然趋势，也是从业者持续捕获红利的关键所在。那些能够把握人性弱点设计盈利模型，同时创造真实情感价值的商家，将在新一轮产业洗牌中脱颖而出，引领行业走向更加繁荣的未来。

音乐节跟拍：碎片化体验与周边衍生品变现

音乐节，作为年轻人聚集的狂欢盛宴，自然成为这一经济现象的绝佳展现舞台。在这里，年轻人对"即时满足"的渴望被不断放大，催生出了体验代偿、技能代偿与情感代偿三大需求分层，不仅改变了音乐节的消费生态，更揭示了当代消费行为的深层逻辑。

体验代偿，是懒人经济在音乐节中最直接的体现。面对烦琐的行程规划与购票流程，越来越多的消费者选择购买"全包式音乐节套餐"，愿意支付一定的溢价来换取时间与精力的双重节省。这种消费行为，不仅是对便捷性的追求，更是对个人体验价值的重塑。在快节奏的生活中，人们更愿意将宝贵的时间投入享受音乐、感受氛围上，而非被琐碎事务缠身。

技能代偿，则满足了消费者对于专业体验的需求。随着社交媒体的兴起，音乐节现场成为展示自我、分享生活的重要平台。专业摄影服务的应运而生，正是为了迎合这一需求。2024 年，成都陪拍师单日最高接单 11 次，客单价高达 300 元 /2 小时，足以证明这一市场的火爆。这些专业摄影师不仅提供了技术上的保障，更通过镜头捕捉下的音乐节瞬间，成为消费者心中珍贵的记忆。

情感代偿，则是音乐节消费中最具情感色彩的一环。音乐节限定周边商品，因其稀缺性与独特性，成为社交货币中的新宠。深圳海山音乐节主题口罩溢价 500% 仍供不应求的现象，正是这一趋势的生动写照。这些商品不仅承载着消费者对音乐节的情感记忆，更成为他们在社交圈中炫耀的资本，满足了人们对归属感与认同感的追求。

合肥电音节 20 元 / 杯的纯净水定价虽受争议，但依托场景垄断性仍实现单日饮品销售额破百万的案例，更是深刻印证了波士顿咨询的"服务折叠"理论。在这一理论框架下，当代消费者愿意为每层折叠服务支付 30% ～ 50% 的溢价，体现了市场对个性化、便捷化服务的强烈需求。这一消费转向，不仅推动了音乐节产业的商业化发展，更为"懒人经济"提供了广阔的市场空间与无限的商业可能。

在当今社会，随着科技的进步和消费者需求的多样化，跟拍服务作为一种新兴的行业，正在经历着从技术平权到情绪溢价的深刻变革。这一变革不仅体现在产业链的重构上，更通过提供个性化、情感化的服务，实现了情绪价值的变现。

产业链重构：素人摄影师的价值裂变

传统摄影机构在成本结构上，往往承担着场地租赁与设备折旧等高昂成本，这限制了其发展的空间。然而，大学生陪拍师群体却通过"轻资产＋社交裂变"的模式，成功打破了这一桎梏。他们采用 CCD 相机（一种带有电荷耦合器件图像传感器的数码相机）等低成本设备，降低了入行门槛，使得更多人能够参与到跟拍服务中来。同时，客户自发传播形成的"素人摄影师IP"，为陪拍师带来了更多的曝光机会。例如，成都陪拍师思思通过小红书获客转化率高达38%，这足以证明社交裂变的力量。

此外，服务衍生也是产业链重构的重要一环。陪拍师们不再仅仅提供单一的拍摄服务，而是开发了"拍摄＋妆造＋修图"组合套餐，这不仅提升了客单价，也满足了消费者对于一站式服务的需求。客单价的提升，进一步证明了产业链重构的有效性。

情绪价值变现的三重维度

陪伴经济是情绪价值变现的第一重维度。随着单身游客占比的不断增加，"音乐节临时玩伴"服务应运而生。这种服务不仅满足了单身游客对于陪伴的需求，更让他们在音乐节上留下了难忘的回忆。

技术平权则是第二重维度。AI修图软件的出现，使得素人摄影师的修片效率得到了显著提升。这不仅降低了后期制作的成本，也提高了服务的质量和效率。

记忆封装则是第三重维度。通过推出"音乐节记忆盲盒"，陪拍团队将照片与现场音频封装成数字藏品，为消费者提供了一种全新的记忆保存方式。这种方式不仅具有创新性，更满足了消费者对于情感纪念的需求。

2024年深圳日月音乐节上，某陪拍团队通过租赁AR眼镜实现"第一视角跟拍"，单日创收8.7万元的案例，就是情绪价值变现的生动实践。这一实践不仅证明了跟拍服务在情绪价值变现上的潜力，也为整个行业的发展提供新的思路和方向。

在当今多元化、个性化的消费时代，衍生品变现已成为众多品牌竞相探索的重要领域。通过构建"三浪叠加"模型，即基础层、增值层和资本层，品牌能够实现从刚需消费品再造到文化符号运营，再到长尾价值捕获的全方位变现。

在基础层，刚需消费品再造是核心。以防晒喷雾与荧光棒的结合体为例，其不仅满足了消费者对于防晒和助兴的双重需求，更通过功能折叠实现了 220% 的溢价。而防水手机壳在雨天音乐节的价格飙升 400%，则是场景定价策略的生动体现。这些刚需消费品的再造，不仅提升产品的附加值，也增强了消费者对于品牌的认同感。

增值层则侧重于文化符号运营。通过与独立设计师联名推出 T 恤，并设定 72 小时限定发售，品牌成功营造了稀缺性和独特性，吸引了大量消费者抢购。同时，购买黑胶唱片即可解锁艺人后台互动权限的体验增值策略，更是将文化符号与消费者体验紧密结合，实现了品牌价值的再提升。

资本层的长尾价值捕获则是通过数据沉淀和 IP 孵化来实现的。扫码领取周边自动获取用户画像，为品牌提供了宝贵的数据资源。而成都"鹤鹤陪拍"团队市场估值半年突破千万的案例，则是 IP 孵化成功的典范。这些策略不仅延长了品牌的价值链，也为品牌带来了持续的盈利增长。

蜜雪冰城音乐节则是懒人经济与衍生品变现相结合的典型案例。通过消费动线重构，如扫码点单系统减少排队时间、设置移动充电桩等措施，极大提升了消费者的参与度和满意度。而冰淇淋造型自拍杆成为销量冠军、推出包含防晒霜和冰凉贴的"雪王套餐"等衍生品策略，更是将懒人经济的理念发挥到了极致。同时，通过收集消费偏好数据反哺产品研发、获取用户内容创作素材等方式，蜜雪冰城实现了数据的高效利用和价值的再创造。最终，该项目实现了单日衍生品营收破百万的佳绩，获客成本较传统广告降低了64%，充分展示了懒人经济与衍生品变现相结合的巨大潜力。

音乐节经济作为一种新兴的文化现象，正以前所未有的速度蓬勃发展。然而，随着市场的不断扩大和竞争的加剧，音乐节经济也面临着一系列挑战，形成了所谓的"三高困局"。

当前，音乐节经济正面临着高同质化、高投诉率、高淘汰率的严峻挑战。数据显示，高达61%的音乐节存在重复相同的阵容，导致内容缺乏新意，观众审美疲劳。同时，2023年消费纠纷同比激增230%，反映出消费者对于音乐节体验的不满。更为严重的是，70%的新音乐节品牌存活不足一年，行业淘汰率极高。这些数据揭示了音乐节经济在快速发展的同时，也暴露出诸多问题。

为了打破"三高困局"，音乐节经济需要寻求创新和变革。建立懒人经济分级体系是一种有效的解决方案。通过推出VIP快速通道、代排队等分层服务，可以满足不同消费者的需求，提升他们的参与度和满意度。这种分级体系不仅能够增强消费者的黏性，还能为音乐节带来更多的收入来源。

打造衍生品数字孪生也是破局的关键。开发音乐节虚拟周边交易平台，可以将实体商品与数字商品相结合，为消费者提供更加丰富的选择。通过数字孪生技术，消费者可以在线上预览、购买甚至定制音乐节周边商品，实现线上线下的无缝对接。这不仅能够提升消费者的购物体验，还能为音乐节带来更多的商业模式和盈利点。

构建服务生态联盟同样重要。与滴滴、美团等合作伙伴携手，打造"音乐节生活服务圈"，可以为消费者提供更加便捷、全面的生活服务。从交通出行到餐饮住宿，从票务预订到现场导航，全方位满足消费者在音乐节期间的各种需求。这种服务生态联盟的构建，不仅能够提升音乐节的整体品质，还能增强消费者的忠诚度和口碑传播效应。

随着技术的不断进步和市场的不断变化，音乐节经济将迎来更多的机遇和挑战。在这个碎片化体验时代，谁能为消费者封装更多价值层次，谁就能在音乐经济新蓝海中持续掘金。

第七章

社区经济:
懒人财富的终极战场

社区商业的四大优势：低成本、高复购、强信任、低风险

在当今"即时满足"与"零摩擦消费"理念盛行的时代背景下，社区商业正经历着一场深刻的变革。传统的零售边界被逐渐打破，一种以"生活半径 500 米"为核心的全新商业范式正在悄然形成。这一变革不仅改变了社区商业的面貌，更重塑了其内在的价值坐标系。

懒人经济相关服务对社区商业市场的贡献率已然提升，成为推动社区商业蓬勃发展的重要力量。这是源于四个核心变量之间的相互作用与协同效应。

时间货币化是其中一个关键因素。随着社会节奏的加快，白领群体的时间成本日益高昂，时薪成本高达 78 元／小时。这一现状催生了"10 分钟生活圈"的刚需，使得社区居民对于购物、餐饮、娱乐等日常消费的需求更加迫切地希望在步行或短途出行的范围内得到满足。

服务颗粒化也是社区商业变革的重要体现。从整箱矿泉水到单瓶冰饮，商品的销售单位不断缩小，满足了消费者即用即买的需求。这种精细化的服务方式不仅提升了消费者的购物体验，也促进了社区商业的

繁荣。

信任资产化则为社区商业注入了稳定的活力。社区商户凭借良好的口碑和优质的服务，赢得了居民的信任与忠诚。复购率超过 65% 的显著数据，不仅高于购物中心 42 个百分点，更是社区商业独特魅力的有力证明。

风险对冲化则展现了社区商业强大的抗风险能力。在全球性公共卫生事件等不可预见的挑战面前，社区商业凭借其贴近居民生活、灵活经营的优势，闭店率仅为 7.2%，远低于其他商业形态。

深圳莲花社区的成功实践为以上理论提供了有力的佐证。2023 年，该社区通过铺设智能快递柜、开设 24 小时无人便利店、设立代收代管服务站等一系列创新举措，极大地提升了居民的生活便利性和幸福感。这些设施不仅让居民日均节约了宝贵时间，还使得社区商业的坪效大大提升。总之，低成本、高复购、强信任和低风险是社区商业的四大优势。

（1）在当今激烈的商业竞争中，构建低成本运营体系成为企业脱颖而出的关键。通过空间成本压缩与人力成本优化，企业能够有效降低支出，提升竞争力，构筑起坚实的竞争壁垒。

空间成本压缩方面，有三种行之有效的路径。首先，店仓一体化模式显著降低了租金成本，福州朴朴超市的前置仓模式较传统商超节约了高达 60% 的租金，这一数字令人瞩目。其次，时段复用策略则充分挖掘了空间的潜力，上海"早安熊"早餐店在午间转型为办公咖啡空间，坪效实现了惊人的 3 倍提升，展现了空间利用的高效性。还有设备共享机制同样不容忽视，武汉社区洗衣联盟通过共享烘干设备，使得单店投资大幅降低了 45%，这种合作共赢的模式为企业节省了大量资金。

人力成本优化上，数字化手段发挥了巨大作用。例如 AI 排班系统凭借智能算法，精准安排员工工作，杭州全家便利店因此减少了 12% 的冗余工时，提高了工作效率。众包配送网络则整合了社会闲置资源，美团闪电仓在成都试点的社区兼职配送员模式，使人力成本下降了 28%，实现了人力资源的高效配置。自助服务矩阵也为企业减轻了负担，深圳某社区药店的智能问诊机让药师咨询量减少了 53%，既提升了服务质量，又降低了人力成本。

北京爱鲜蜂的成功案例更是低成本运营体系的典范。它整合了社区夫妻店资源，构建起了"1 个中心仓 +20 个社区站点"的网络，将生鲜配送成本压缩至行业平均水平的 68%，这一壮举不仅降低了成本，还实现了单店日均毛利突破 3000 元的佳绩。其成功的关键在于充分利用了社区资源，形成了高效的配送体系，同时通过规模经济效应降低了单位成本。

通过空间成本压缩与人力成本优化的双重发力，企业能够构建起强大的低成本运营体系，从而在市场竞争中占据有利地位。这不仅需要企业具备创新的思维和敏锐的洞察力，更需要在实践中不断探索和优化，以实现成本与效益的最佳平衡。

（2）在商业运营中，高复购率是企业成功的关键要素。

高复购率的背后，蕴含着深刻的行为经济学原理。消费场景的"微习惯"培育是提升复购率的重要手段。动线设计能够巧妙地引导消费者的购买行为，长沙某社区超市将鲜食货架置于收银台必经路线，使冲动购买率提升了 29%。氛围营造则通过营造舒适、诱人的购物环境，增加消费者的停留时间和购买欲望，成都社区面包店设置烘焙香气扩散装置，使进店转化率提高了 41%。游戏化运营更是利用了人们对游戏的天然喜爱，激发了消费者的参与热情和复购意愿，南京便利蜂推出的"集章免费喝"活动，使月均复购次数达到了 8.7 次。

数据驱动的精准触达也是提升复购率的关键。热力图分析能够帮助企业了解消费者的行动轨迹和热点区域，从而优化商品陈列和布局，西安某水果店根据智能摄像头数据调整陈列，损耗率降低了 23%。LBS 营销则利用地理位置信息，向周边潜在消费者推送个性化的营销信息，广州钱大妈在社区 300 米半径内推送折扣信息，打开率超 38%。生命周期管理通过建立客户成长档案，为客户提供个性化的商品推荐和服务，杭州母婴店通过建立客户成长档案，适时推荐学步鞋等关联商品，增强了客户的黏性和忠诚度。

（3）强信任关系的建立则是企业货币化转换的重要基础。社区商业信任资产的三维构建包括时间沉淀、服务溢出和透明运营。武汉 Today 便利店店长平均任职期 4.2 年，熟客识别率达 91%，这是时间沉淀的结果；成都红旗连锁提供代收快递、代遛狗等非标服务，NPS（净推荐值）达 788，这是服务溢出的体现；深圳百果园设立水果检测公示屏，客诉率下降了 54%，这是透明运营的成果。

信任变现的创新模式多样。社区众筹让居民成为企业的股东和参与者，苏州某社区咖啡馆由居民众筹开设，日均流水超传统店 220%。托管经济提供了多元化的增值服务，杭州"小黄帽"托管中心延伸出代接送、代辅导等增值服务。共享库存实现了资源的高效利用，郑州社区药店联盟实现慢病药械共享，库存周转率提升了 37%。重庆蜗牛到家通过建立社区管家认证体系，提供家电维修、保洁收纳等上门服务，客单价高达 182 元，较行业平均水平高出 46%，2023 年区域净利润突破千万。

（4）在商业领域，低风险模型的构建与验证对于企业的稳健发展至关重要。它不仅能帮助企业抵御各种潜在的风险，还能在复杂多变的市场环境中保持竞争优势。

风险控制的三重防火墙是低风险模型的核心。需求稳定性确保了企业的产品或服务具有稳定的市场需求，社区生鲜店损耗率仅 2.3%，远低于商超 6.8% 的行业均值，这充分证明了社区生鲜店的需求稳定性。成本可逆性使企业在面临市场变化时能够灵活调整成本结构，社区小店改造成本中位数为 4.8 万元，业态调整周期仅 3 天，体现了成本的高可逆性。政策红利则为企业发展提供了有力的支持，多地政府发放社区商业数字化改造补贴，最高达投资额的 30%。

抗周期能力实证进一步证明了低风险模型的有效性。在 2022 年上海封控期间，社区团购占保供体系 73% 的份额，展现了社区商业在特殊时期的强大供应能力。2024 年经济下行期，社区便利店销售额逆势增长 12.7%，显示出其抗周期的韧性。社区养老驿站通过"服务换租金"模式，空置率低于商业物业 58 个百分点，实现了可持续发展。珠海"邻聚里"社区商业体采用"固定租金＋流水抽成"的弹性租赁模式，商户存活率高达 92%，较传统模式提升 41 个百分点，成为国家级社区商业示范项目。

随着懒人经济进入 3.0 时代，社区商业正经历着深刻的变革与升维。服务集成化成为新的趋势，广州试点"社区服务盒子"，集成政务、医疗、商业等 48 项功能，为居民提供了一站式服务。数据资产化为企业决策提供了有力支持，阿里本地生活构建社区消费图谱，助力商户选品准确率提升 39%。空间场景化让商业空间更加灵活多样，北京万科将社区商铺改造为"可移动商业舱"，业态切换效率提升 6 倍。流量私域化则增强了企业与消费者之间的黏性，成都伊藤洋华堂社区店企业微信复购贡献率高达 58%。

服务整合术：从代遛狗到老年人陪诊服务的"一站式懒人方案"

懒人经济正经历着深刻的转型与变革，从最初的"功能替代"到如今的"价值重构"，懒人经济的发展不仅反映了消费者需求的变化，也体现了科技进步对生活方式的深刻影响。

消费分级和技术赋能的双重作用，推动了懒人经济的快速发展。新兴服务如代遛狗、老年人陪诊服务等不断涌现，满足了当代消费者对"时间折叠"和"情感代偿"的双重追求。生活服务类的"懒人经济"，呈现出三大显著特征。

服务颗粒度精细化是懒人经济的一大特点。消费者的需求不再局限于外卖、家政等基础服务，而是进一步延伸到了宠物托管、医疗陪同等长尾领域。例如，代遛狗的日均订单量增长了 210%，陪诊服务的用户

数量超过 1200 万元。这些数据表明，消费者对服务的精细化需求日益
增长。

服务链路集成化也是懒人经济发展的重要趋势。随着生活水平的提
高，消费者越来越不满足于分散式的服务，更倾向于选择整合式方案，
哪怕为此支付更高的价格。据调查数据显示，整合型服务的客单价较单
点服务高出 45%。这种变化反映了消费者对于便捷、高效服务的追求。

服务对象代际转移是懒人经济的另一个显著特征。随着银发群体加
速融入互联网，60 岁以上用户在陪诊服务客群中占比达到了 58%，这催
生了大量的适老化服务改造。为老年人提供专门设计的服务，已成为懒
人经济发展的新机遇。

杭州"懒猫生活"的成功案例，生动地展示了懒人经济服务升维的
实践成果。通过整合代遛狗、宠物美容、上门喂食等服务，推出"萌宠
全托套餐"，该平台单日最高创收达到了 23 万元。其成功的关键在于
建立了"需求预测模型"，即通过分析宠物品种、主人行程等数据，智
能匹配服务方案。这不仅提高了服务的效率和质量，也满足了消费者个
性化的需求。

懒人经济的服务升维是一个从单点突破到生态整合的过程。随着技
术的不断进步和消费者需求的日益多样化，懒人经济将继续朝着更加精
细化、集成化和个性化的方向发展。

时空效率优化

时空效率优化是服务整合中的关键一环。通过应用 LBS（地理位置
服务）技术，服务提供者能够实现"3 公里 15 分钟响应"的目标，大大

提高了服务的效率和便捷性。例如，北京的陪诊平台"银龄管家"利用算法调度，将平均接单时间缩短至 8 分钟，极大地提升了用户体验。此外，服务时段的延长也是提升效率的重要体现。代遛狗服务推出的"月光守护"夜间套餐，不仅满足了宠物主人的特殊需求，还通过配备 GPS 定位灯牌与实时视频回传功能，确保了服务的质量和安全性。

情感价值封装

情感价值的封装是提升服务附加值的重要途径。首先，建立信任机制至关重要。通过对服务者实施"三证备案"（身份证、健康证、技能认证），并建立服务过程的"双录系统"（录音＋录像云端存储），确保了服务的透明度和可信度。其次，提供情感增值服务也能增强用户黏性。例如，代遛狗服务结束后生成的"宠物社交日报"，不仅记录了宠物的玩耍瞬间，还提供了健康数据；陪诊服务附加的"医疗备忘录"，则自动整理用药清单与复诊提醒，体现了服务的细致与周到。

生态联盟搭建

生态联盟的搭建有助于形成资源共享和服务协同的生态系统。以成都的"蜗牛生活"为例，其打造的懒人服务生态圈具有示范意义。横向上，平台接入了 32 类服务商，实现了代遛狗、家政、洗衣等服务的订单联动；纵向上，平台与宠物医院、养老机构建立服务转介机制，并抽取 15% 的渠道佣金。这种模式不仅丰富了服务内容，还通过数据变现反哺了社区零售选品与保险产品设计，实现了多方共赢。

动态定价体系

采用动态定价体系能够更精准地匹配市场需求和服务成本的波动。以代遛狗和陪诊服务为例，其基础服务费加上弹性增值费的收费模式，既保证了基本收益，又考虑了特殊情况下的额外成本。例如，代遛狗在雨雪天气下动态加价 50%，陪诊服务则根据医院的等级调整挂号费用。这种灵活的定价策略使得平台毛利率提升至 63%，较传统家政服务高出 22 个百分点。

智能硬件和算法技术的革新也正深刻地改变服务行业的面貌。从物联网设备赋能、算法调度升级，到商业闭环构建及未来布局，整个服务整合领域正在经历一场前所未有的变革。

物联网设备赋能

物联网设备在服务再造中发挥着重要作用。智能项圈能够实时监测宠物的心率和运动量，若出现异常数据，系统将自动触发上门服务，为宠物的健康提供了有力保障。陪诊师携带的电子病历存储箱则可以秒级调取患者的诊疗记录，极大地提高了诊疗效率。这些智能设备的引入，不仅提升了服务质量，也为服务提供者提供了更多便利。

算法调度升级

算法调度的升级是提高服务效率的关键。通过分析小区养犬登记数据，可以预判代遛狗服务的高峰期，从而提前做好资源配置。结合医院的放号规律，动态配置陪诊师资源，确保了服务的及时性和高效性。此外，智能排班系统的应用也大大降低了时间成本，例如代遛狗路线规划可降低 42% 的时间成本，陪诊服务的跨院区调度效率提升了 3 倍。深圳"护老通"平台就是通过 AI 问诊预判系统，将陪诊师的日均接单量从 3 单提升至 7 单，服务半径扩展至周边 25 千米。

商业闭环构建

商业闭环的构建是实现可持续发展的基础。私域流量培育是其中的重要环节，通过建立垂直社群和发布有吸引力的内容，可有效提升用户的转化率和忠诚度。会员体系设计是提升用户价值的核心策略，例如，"蜗牛生活"推出的钻石会员体系：通过提供专属优惠和差异化服务，显著提升用户的生命周期价值。跨界价值延伸则为服务提供者创造新的增长点，如开发保险产品、挖掘银发经济潜力等创新实践。

产业反思与未来布局

当前服务整合领域虽取得了阶段性成果，仍面临三大核心挑战：服务标准化缺失、人力供给断层及政策合规风险。针对这些问题，需系统性建构行业认证体系、搭建共享用工平台、推进智能化替代方案。德勤预测数据显示，2026 年一站式懒人服务市场规模将突破 900 亿元，其中适老化改造与宠物经济领域预计贡献 67% 的市场份额。在这个"懒人经济"驱动创新的时代背景下，企业需持续深化服务颗粒度、强化技术穿透力、细化价值捕获点，方能在万亿级市场格局中发挥竞争优势。

邻里信任经济：如何用熟人配送打败平台配送

如今，即时配送日均订单量突破 4000 万单，美团、饿了么等平台虽构建起"30 分钟生活圈"，却在"最后一公里"服务中存在温度缺失的问题。这一现状催生了社区场景中消费者对即时服务的三大裂变需求：情感溢价需求、超本地化服务和成本敏感转移。并由此进一步催生了"熟人配送经济"，其核心在于激活社区闲置劳动力，将邻里信任转化为商业价值。

以湖北宜昌李雯粮油店为例，该店通过 20 年的诚信经营积攒了深厚的社区信任。如今，该店转型为"社区服务驿站"，不仅继续提供粮油销售服务，还新增了快递代收、老人代购等便民服务。这一转型使得该店月增收超万元，充分证明了"熟人配送经济"的可行性。

为了满足这一新型经济形态的需求，信任关系链的变现成为关键，要求实现共享劳动力池的构建、信任认证体系的搭建以及非标服务的产品化。

在共享劳动力池的构建方面，宝妈骑手计划和退休人员再就业项目是其中的亮点。宝妈利用接送孩子的碎片化时段开展错峰配送，实现家庭照护与灵活创收的平衡。65 岁以上银发群体通过承接社区医院代取药轻量级服务，开辟适老化就业新路径。此外，商户联盟配送模式降低了边际成本，提升了配送效率。

为保障服务质量和用户信任度，搭建信任认证体系至关重要。邻里信用积分制度基于物业缴费记录、志愿服务时长等数据建立信用档案，实现用户信用分级评估；可视化追溯系统通过全程录像加密存储的方式解决了食品安全焦虑问题；双向评价机制建立了类似爱彼迎的互评体系，有效淘汰低信用从业者。杭州"亲邻生活"平台的数据显示，该机制使订单纠纷率下降 62%，用户复购率提升至 89%。

非标准化服务的产品化也是"熟人配送经济"的重要组成部分。从关怀型服务到技能共享，再到应急响应，各类特色服务不断涌现。例如，上海浦东某社区"银发闪电送"项目，由退休护士组成配送团队，提供医疗器械消毒配送和基础健康监测服务，既能满足老年人的健康需求，又可创造可观的经济效益。

目前，对于很多想要加入这个赛道的人而言，对抗平台巨头成为一个重要议题。为了在竞争中取得优势，企业和组织正在通过成本结构革命、服务温度打造和防御性生态构建等措施，实现与平台巨头的差异化竞争。

成本结构革命

成本控制是企业在竞争中取得优势的关键。在传统的平台模式下，流量获取成本高达 23 元／单，而熟人地推模式则通过地推方式将这一成本降至 0 元。此外，人力成本和技术投入也显著降低，熟人模式下的人力成本为 4.2 元 / 单，技术投入仅为 0.3 元 / 单，相较于平台模式的 7.8 元 / 单和 1.5 元 / 单，具有明显的优势。这些数据来源于美团配送 2024 年财报和社区配送联盟调研，充分证明了熟人地推模式在成本控制方面的潜力。

服务温度打造

为了提升服务质量和用户满意度，熟人地推模式注重服务温度的打造。通过记录居民的生活数据，如个人忌口偏好、宠物喂养习惯等，实现个性化备忘录功能。同时，建立应急物资网络，在核心楼栋设置智能共享应急箱，包含应急药品、移动电源等高频使用物资。此外，还提供创意设计如传递手写祝福卡、非遗美食故事卡等文化增值服务，增强用户的归属感和满意度。苏州"双塔市集"实践，配送员随餐附赠的手作美食故事卡，使预制菜复购率提升了 210%，充分证明了温暖服务的重要性。

防御性生态构建

为了抵御平台巨头的渗透，熟人地推模式还注重构建防御性生态。通过将社区便利店升级为"服务基站"，形成物理空间锚点。开发社区专属 App，阻断平台流量渗透，保护本地服务市场。同时，引入居民股权众筹机制，让居民成为配送企业的股东，增强社区成员的参与感和忠诚度。深圳梧桐山社区实施的"百家股东计划"吸引了 127 户居民众筹成立配送公司，当年即实现了 38% 的分红回报率，展示了这种模式的成功案例。

技术赋能方向

为了提升服务效率和质量，技术赋能成为熟人配送模式的重要支撑。开发低代码接单系统可以显著降低老年配送员的使用门槛，使他们能够更便捷地接入平台。同时，部署 AI 监控眼镜可以实时识别生鲜商品的新鲜度，保障食品安全。此外，建立分布式区块链存证系统则能够确保服务的可追溯性，增强用户信任度。

政策风险规避

面对政策风险，熟人配送模式需采取多维度应对措施来规避潜在问题。与物业公司成立合资企业，同步解决经营资质与资源整合问题，实现风险承担与利益共享。为兼职配送员投保团体意外险则是对他们权益的保障，减少潜在的安全风险。建立服务标准白皮书并通过行业协会认证，规范服务质量，提升行业形象。

规模化管理挑战

随着业务的扩展，规模化管理成为熟人配送模式面临的一大挑战。采用"细胞分裂"模式——单个社区成熟后再进行复制——可以有效控制扩张节奏，确保每个社区的服务品质。开发智能调度系统实现跨社区运力协同，可以优化资源配置，提高整体效率。建立社区商学院输出标准化运营经验，有助于快速培养新社区的管理团队，保持品牌的一致性。

根据《2025 中国社区经济白皮书》的预测，熟人配送市场规模将于 2027 年突破 800 亿元，并呈现三大趋势：服务集成化、数据资产化和平台开放化。这意味着配送服务将被整合进物业费套餐，居民生活数据可转化为信用贷款依据，美团等行业巨头可能通过投资并购入场。在这场"温度对抗效率"的商业变革中，真正成功的模式必将实现"商业效率与人文关怀的平衡"。当用技术手段突破规模瓶颈时，信任关系将沉淀为数字资产，熟人配送或将重塑即时服务市场的竞争格局，为懒人经济注入更具生命力的基因。

资源复用模式：社区版"闲鱼"与二手经济的二次变现

从"代劳服务"到"资源优化"，"懒人经济"的发展不仅重塑了人们的生活方式，更催生出资源复用新模式。

艾瑞咨询的数据显示，2025 年中国闲置物品交易规模预计将突破 3 万亿元大关，其中社区二手平台的贡献率将超过 40%。这一变革由三重消费升级的驱动力所推动。

首先是交易效率的革命性提升。过去，用户处理闲置物品平均需要 72 小时，而如今这一时间被大幅压缩至 2.8 小时。这得益于互联网平台的便捷性和高效性，使得买卖双方能够迅速匹配，缩短了交易周期。

其次是价值认知的迭代更新。随着社会的发展和消费观念的变化，年轻一代对二手商品的接受度大幅提高。这种变化反映了消费者对商品价值的重新审视，从简单追求新品转向更加注重性价比和实用价值。

最后是环保成本的有效转嫁。在循环经济政策的推动下，商品全生命周期管理成本显著降低。这一成本优化不仅有效减少资源浪费和环境污染，同时为企业和消费者带来了实实在在的经济利益。例如，成都的"鹤鹤陪拍"团队，他们依托闲鱼平台，通过提供标准化摄影器材租赁服务，在短短半年内实现了估值破千万元的成绩。其成功的核心在于将闲置设备的复用频次大幅提升至日均 3.7 次，较传统的租赁模式提高 240%。这种创新的商业模式不仅充分利用了闲置资源，还满足了市场的需求，实现了经济效益和社会价值的双赢。

"懒人经济"正在推动资源复用迈入新阶段，通过提高交易效率、更新价值认知以及转嫁环保成本，形成了一个既高效又可持续的资源利用新模式。这不仅为企业提供了新的增长点，也为消费者带来了更多的选择和便利，同时也为社会的可持续发展做出了积极贡献。

C2X 模式的场景穿透力

闲鱼以其创新的"C2X"（消费者到多元主体）模式，成功构建起一个独具特色的资源复用网络。这一模式通过分布式仓储、智能定价系统和信用赋能体系，实现了对社区闲置物品的高效管理和利用。

在分布式仓储方面，社区团长代管闲置物品，确保了 3 千米内 72 分钟的快速送达服务。这种模式不仅提高了交易效率，还增强了用户的信任度和满意度；智能定价系统则利用 AI 算法综合商品成色、供需关系和地域特征等因素生成动态价格，为用户提供更加公平、透明的交易环境；而"鱼力值信用分"的实施，更是令个人卖家的成交转化率提升了

45%，进一步激发了用户的参与热情。深圳海山社区试点数据显示，接入社区服务站后，母婴用品流转率提升了 3 倍，家电回收周期缩短至 12 小时，充分证明了 C2X 模式的高效性。

懒人友好型交易矩阵

为了给用户提供更加便捷、高效的交易体验，闲鱼打造了懒人友好型交易矩阵。极简交互设计的扫码估价功能使商品上架时间缩短了 83%，智能推荐算法的匹配精准度达 91%。这些创新设计显著降低了用户操作门槛，提高了交易成功率。

同时，闲鱼推出"上门回收"服务，首先由专业团队提供上门处理大件物品服务，有效解决了用户在二手交易中面临的一大难题；其次开发 AR 试穿技术，降低二手服装退货率，用户的购物体验得到提升；此外，"会玩"社区通过构建兴趣圈层，使用户停留时长增至 32 分钟 / 日，增强了用户的黏性和活跃度。

二手经济的二次变现路径

闲鱼通过数据资产沉淀和增值服务分层，为二手经济开辟了二次变现的新路径。

在数据资产沉淀方面，闲鱼基于 3.2 亿用户行为数据构建出闲置经济"热力图谱"。其需求预测模型能够提前 45 天预判区域商品流转趋势，精准营销系统对母婴用品的复购提醒准确率达到 89%。碳积分体系的引入，让用户每完成 1 单交易可兑换 0.2 kg 碳减排权益，这实现了经济效益和环保效益的双赢。

在增值服务分层方面，闲鱼提供了基础层、进阶层和生态层三个层面的服务。基础层包括质检服务，覆盖手机、奢侈品等 20 个品类，代发货服务使卖家操作步骤从 7 步减至 2 步。进阶层则推出了"玩家认证"体系，使专业卖家客单价提升 220%，并开发了虚拟展示空间，使数字藏品交易量月均增长 47%。生态层与菜鸟合作建立逆向物流网络，降低了 30% 的履约成本，接入支付宝芝麻信用，将坏账率控制在 0.03% 以内。

懒人经济的社区化实践样本

案例 1：杭州"闲鱼小站"社区服务网络

在杭州，"闲鱼小站"通过在社区便利店设置智能寄存柜，提供了居民自助完成物品寄卖的便捷服务。这种创新模式不仅日均处理闲置物品达 127 件，远超传统回收站 8 倍，还为社区团长带来了月均 3200 元的增收。更重要的是，"闲鱼小站"通过建立邻里物品交换社群，激活了社区的公共空间，促进了邻里间的互动与交流。此外，"以物换物"功能的开发，有效减少了 27% 的现金交易摩擦，进一步改善了用户的交易体验。

案例 2：北京中关村"极客实验室"

北京中关村的"极客实验室"则聚焦于科技产品的二次开发，提供了"闲置改造 + 知识付费"的服务。通过将旧手机改造成智能家居中控，"极客实验室"实现了服务溢价达 300% 的商业成果。同时，他们开发的硬件改装课程也吸引了超过 2 万名付费用户参与其中。从生态价值的角度来看，"极客实验室"不仅使电子产品的生命周期延长了 1.8 年，还培养了技术型卖家社群，产生了 47 项专利技术，为二手经济注入了新的活力。

产业困局与破局之道

当前，社区化二手经济面临着规模瓶颈、信任赤字和价值错配三大矛盾。为了破除这些困局，业界提出了建立 LBS 信用联盟、开发 AR 质检系统和设计循环积分体系等路径。通过社区物业、业委会和企业平台三方共建信用体系，能够有效提升交易的信任度；而 AR 质检系统的开发，能实现商品瑕疵 AI 识别的高准确率；循环积分体系的设计打通碳交易市场，为每笔交易生成可追溯的环保凭证。

趋势前瞻：懒人经济的终极形态

懒人经济将步入智能匹配时代，物联网设备将自动上传闲置物品信息，区块链技术将实现所有权的无缝转移。同时，服务集成革命将推出"懒人回收包"，提供上门收取多种类闲置物品的便捷服务；AI 定价助手也将实时生成最优交易策略。在虚拟融合创新方面，元宇宙二手商城将支持数字孪生商品的交易，NFT（非同质化代币）技术可为闲置物品赋予唯一身份标识。德勤预测，到 2030 年，社区化二手平台将占据 60% 的市场份额，形成"前端分散体验，后端集约服务"的新型商业生态。

在消费升级与技术赋能的双重作用下，懒人经济正在以"服务到家"为核心，对社区商业格局进行重塑。

风险提示：社区垄断争议与服务标准化的难题

2025 年，中国社区到家服务市场规模预计将突破 2.8 万亿元。这一数字背后，是资本驱动下的规模化扩张。然而，这种扩张并非一帆风顺。

一方面，资源垄断化问题日益凸显。美团、京东等行业巨头通过"即时零售 + 本地生活"的组合拳，成功在 78% 的一线、二线城市社区实现了超 60% 的服务渗透率。这种高度集中的市场格局，使得其他竞争者难以进入，消费者也失去了更多的选择权。

另一方面，服务碎片化问题也不容忽视。在家政保洁、代买代办等领域，由于标准化率不足 35%，客诉率年均增长高达 42%。这种服务供给的离散性，与资本驱动的规模化扩张形成了鲜明的对比，彰显着懒人经济在社区场景中面临的核心悖论。

随着社区 O2O 平台的崛起，流量入口的寡头化陷阱也逐渐显现。这些平台通过"补贴—圈地—收割"三部曲，构建了新型的垄断模型。以深圳为例，某头部平台通过用户画像截流了 60% 的本地商户订单；

在北京，某社区便利店因拒绝接入平台独家合作条款，月销售额暴跌47%；而在上海，社区团购平台对生鲜品类加价率从15%提升至28%，但供应商分成比例却下降了9个百分点。这种垄断直接导致了"三输局面"：消费者丧失了选择权，中小商户的利润空间被压缩，平台自身也陷入了持续性的烧钱竞争中。

当"懒人服务"完全依赖中心化平台时，社区商业正在丧失其两大核心价值：一是人情温度的消逝。成都的一项调研显示，83%的老年人认为平台代购员不如昔日社区小店店主贴心。二是应急能力的退化。在2021年7月郑州暴雨期间，完全依赖外卖平台的社区出现了12小时的物资断供。某物业公司尝试构建"社区服务联盟"，通过整合本地商户形成服务网络，却在3个月内因平台流量制裁损失了72%的订单。这充分印证了生态重构的艰难。

在社区服务的广阔天地里，"懒人经济"正遭遇着标准化难题的严峻考验。这一经济模式，虽以其便捷与高效赢得了市场的广泛青睐，但在深入社区、贴近居民生活的进程中，却不得不面对服务品控的"三无困境"，以及由此引发的信任危机。

服务品控的"三无困境"犹如一道道难以逾越的鸿沟，阻碍了懒人经济在社区中的稳健发展：无统一服务标准，使得同一平台内的收纳整理服务报价差异巨大，服务时长也波动不定，让消费者无所适从；无有效监督机制，导致跑腿代购等服务过程中私自加价行为屡见不鲜，损害了消费者的权益；无系统培训体系，使得家政从业人员的专业素养和服务质量参差不齐，持证上岗率低，事故率却年年攀升。

这些困境，不仅让消费者在选择服务时如履薄冰，也让平台运营者陷入了不断纠错的泥潭。广州调查显示，四成多的跑腿代购存在私自加价行为，这不仅损害了消费者的利益，也侵蚀了平台的信任基础。而家政从业人员中，持证上岗率不到 25%，事故率却以每年 19% 的速度增长，这向整个行业敲响了警钟。

标准化缺失导致的直接后果，就是懒人经济陷入了"成本怪圈"。消费者为了寻找满意的家政服务，平均需要试用将近 4 个平台，这无疑增加了他们的时间成本和筛选成本。同时，平台也需要投入大量的人力、物力来处理货损纠纷等问题。据统计，某即时零售平台每月处理货损纠纷的支出就占总营收的 5.2%。此外，为了整治服务行业乱象，政府每年也需要投入巨额资金。

典型案例的数据更是让人触目惊心。2024 年，杭州的"蜗牛社区"因保洁服务质量问题投诉激增而陷入困境，估值从 5 亿元暴跌至 8000 万元。这一案例深刻揭示了标准化缺失对商业价值的巨大冲击。一个缺乏标准化的服务，不仅会失去消费者的信任，更会让整个商业模式面临崩溃的风险。因此，懒人经济要想在社区中持续健康发展，必须解决标准化缺失的难题，重塑信任基础。

针对懒人经济在社区场景中的标准化缺失的难题与信任危机，一场旨在重塑行业生态、促进可持续发展的"双轨制"改革正在悄然兴起。这场改革，以监管创新为舵，技术赋能为帆，共同驶向更加公平、高效、可信赖的未来。

构建反垄断的"社区护城河"，是破解当前困局的关键一步。深圳试点的"社区数据银行"，通过确权机制，确保了用户数据收益的合理分配，为本地商户提供了更多机会。南京则通过服务半径限制，避免了单个平台对社区商业的过度垄断。成都玉林社区成立的"商家共治委员会",更是以集体议价权对抗平台霸权,发挥了自治联盟的力量。

在技术赋能方面,智能硬件与区块链存证体系成为提升服务质量与用户信任度的重要工具。智能工牌与物联网秤具的应用,大大减少了服务误差与纠纷,优化了消费者体验。而区块链存证体系的推行,让服务过程更加透明、可追溯,维权周期大幅缩短,造假率显著降低。

懒人经济的终极形态将是"科技支撑 + 人文关怀"的融合体,服务网格化、价值共享化、认证一体化将成为新的发展方向。每个社区都将形成紧密的服务网络,整合多元化的服务单元,实现服务的高效与便捷。同时,通过建立二次分配机制,确保各方利益均衡,促进社区经济和谐共生。而全国统一的服务资质认证体系,则将提升整个行业的专业水平,赢得更多消费者的信赖。

福州"邻里帮"平台的成功转型,为我们提供了宝贵的经验。通过开放 API(应用程序编程)接口,让社区小店自主接入服务系统,既保留了平台的调度效率,又赋予了商户更大的独立性与自主性。这种创新模式,不仅实现了单月 GMV(商品交易总额)的显著增长,更为整个行业的发展注入了新的活力。

简言之,懒人经济在社区场景的深化过程中必须坚持监管创新与技术赋能的"双轨制"改革。唯有如此,才能突破当前的困局,构建更加公平、可持续的新型服务生态。这不仅是对商业模式的一次革新,更是城市文明进化的必经之路。

第八章

"懒人经济"的未来：从"便利"到"无形"

技术颠覆：AI管家、脑机接口与"意念操控"的懒人终极形态

在懒人经济的宏大叙事中，技术突破扮演着至关重要的角色。它不仅推动了社会的进步，更深刻地改变了人类与物理世界的交互方式。从"自动化"到"神经化"，这一跃迁标志着懒人经济正迈向一个全新的高度。

AI管家作为智能家居的"中枢神经系统"，通过自然语言处理、计算机视觉应用和机器学习等先进技术，实现了智能设备的无缝整合与协同运作。用户只需简单的语音指令，就能控制家中的各种设备，甚至通过行为预测主动调整环境参数。这种统一交互界面大大降低了用户的学习成本，成为提升智能家居渗透率的关键因素。

脑机接口（BCI）则是人机交互的"高速公路"。它通过采集和解码脑电信号，绕过传统的"外周神经—肌肉"通路，直接实现"意念操控"。在医疗康复领域，清华大学团队研发的无线微创脑机接口技术已经帮助四肢瘫痪患者通过意念控制器动手抓握水瓶，准确率极高。而消费级应用方面，天津大学的"灵犀指"系统则利用非侵入式脑机接口，

让脑卒中患者通过"第六指"辅助完成抓取动作，未来有望拓展至智能家居控制。脑机接口技术的核心突破在于高通量信号采集与低延迟反馈，为懒人经济提供了更加高效、便捷的交互方式。

当脑机接口与 AI 管家结合时，意念操控成为现实。用户无须语音或触控，仅需"思考"即可操控设备。例如，天津大学团队实现的非侵入式脑机接口对无人机 -4 自由度的连续控制，未来可用于智能安防或物流配送领域；Neuralink 展示的脑机接口，患者可通过意念玩电子游戏、在线下棋，预示了娱乐场景的革新。这一阶段的技术特征在于双向交互——既输出指令，也通过电刺激反馈感官信息，形成"感知—决策—执行"闭环。

从自动化到"神经化"的跃迁是懒人经济技术突破的集中体现。AI 管家、脑机接口与意念操控的结合，不仅推动了智能家居的快速发展，更为整个懒人经济注入了新的活力。随着技术的不断进步和应用的不断拓展，我们有理由相信，未来的懒人经济将更加智能、便捷且充满无限可能。

在懒人经济的大潮中，商业场景的多元化发展如同火箭般迅猛，形成了鲜明的三级梯队市场。这三级梯队市场，从刚需型到效率型再到体验型，各自展现出独特的魅力和巨大的潜力，共同推动了懒人经济的繁荣发展。

第一级是刚需型市场，主要集中在医疗与无障碍领域。以天津大学研发的"灵犀指"机器人系统为例，其初期便精准定位脑卒中康复市场。通过向医疗机构销售高质量的设备，并结合订阅数据分析服务需求，构建了一个完整的生态闭环。这种营利模式不仅满足了医疗行业对长期服务的需求，更在国内三甲医院实现了广泛装机，年营收突破千万级。这一成功案例不仅证明了刚需型市场的广阔前景，更为后续的市场拓展奠定了坚实基础。

第二级是效率型市场，聚焦生产与办公场景。某智能制造企业推出的脑控机械臂培训系统，是这一市场的典型代表。该系统利用非侵入式头环，使工人能够在短时间内掌握复杂设备操作能力，大大提高了生产效率。同时，该企业还通过"硬件 + 软件 + 认证服务"的打包出售方式，为企业提供了全方位的解决方案。这一系统的成功应用，不仅降低了企业的培训成本，更推动了整个行业的转型升级。

第三级是体验型市场，主要集中在消费电子与娱乐领域。初创公司NeuroPlay 推出的脑申游戏头环，便是这一市场的佼佼者。该头环通过识别玩家的专注度来动态调整游戏难度，为玩家提供了前所未有的游戏体验。同时，公司还通过与 Steam 平台合作，上线多款适配游戏，吸引了大量用户付费购买。这种"硬件引流 + 内容分成"的模式，不仅验证了体验型市场的可行性，更为懒人经济注入了新的活力。

懒人经济的"三级火箭"式商业场景正逐步成型。从刚需型到效率型再到体验型，各级市场各具特色、相互促进。随着技术的不断进步和应用的不断拓展，我们有理由相信，未来的懒人经济将更加繁荣发展，为人类社会带来更多便利与惊喜。

当然，在懒人经济迅猛发展的浪潮中，我们既见证了技术的惊人进步，同时也面临一系列严峻的挑战和深刻的伦理重构问题。

技术瓶颈与成本博弈是当前懒人经济发展面临的一大难题。侵入式脑机接口，如 Neuralink，虽然性能卓越，但手术风险高、成本高昂，这严重限制了其普及程度。相比之下，非侵入式设备虽然安全性更高，但信号精度却不尽人意。此外，脑电信号的标准化也是一个难以逾越的障碍。由于每个人的脑电信号都是独一无二的，需要大量的个性化数据来训练模型，这便导致边际成本居高不下。

伦理与隐私问题如同"达摩克利斯之剑"，时刻悬于懒人经济之上。脑机接口能够采集思维、情绪等深层数据，一旦这些数据被滥用，将引发"意识监控"等严重问题。同时，技术早期的高昂成本也可能加剧社会不公，形成"神经鸿沟"。富人可能通过脑机增强认知能力，而普通人却难以触及这种高端技术。

然而，挑战与机遇并存。懒人经济正从"替代人力"向"增强人类"转变。混合智能成为新的发展趋势，AI 管家负责执行标准化任务，而人类则通过脑机接口进行高阶决策，形成"人机共生"的工作流。这种模式不仅能提高效率，更赋予了人类更大的自由和创造力。

与此同时，神经消费主义也逐渐兴起。意念操控降低了交互门槛，催生了"零摩擦"购物、沉浸式娱乐等新业态。这些创新不仅丰富了我们的消费体验，更推动了懒人经济的持续繁荣。

懒人经济的终极形态是"无感化生存"。当技术足够成熟时，"懒"将不再是贬义词，而是人类摆脱重复性劳动的文明标志。AI 管家、脑机接口与意念操控的融合，正在构建一个"所想即所得"的世界。在这个世界里，瘫痪患者可以重获抓握能力，普通人能够用思维操控智能家居，科技的终极目标始终是让人类更自由地定义自身价值。对于企业而言，谁能率先打通"神经信号—商业场景—用户体验"的闭环，谁就能在万亿级懒人经济市场中占据制高点。因此，我们应积极拥抱挑战，加强技术创新与伦理规范，共同推动懒人经济迈向更加美好的未来。

个性化服务：从大数据到精准投喂的"懒人定制时代"

懒人经济作为当今时代消费转型的重要趋势，其本质在于用户对"时间主权"的强烈掌控欲和"决策成本归零"的极致追求。从外卖平台的千人千面推荐、智能家居的自动化场景联动，到预制菜市场的精准口味匹配，技术的迭代正不断推动"被动服务"向"主动预判"转变。本部分将深入探讨懒人经济背后的底层技术、商业模式及典型案例，揭示这场由数据驱动的"懒人定制革命"。

在底层技术方面，大数据与 AI 的"读心术"为懒人经济提供了强大的支撑。用户画像的"颗粒度革命"是其中一大亮点。传统用户标签如年龄、性别等已无法满足需求，取而代之的是行为数据的深度解构。以电商平台为例，阿里"数据中台"能够采集超过 10000 个用户行为维度，包括页面停留时长、商品对比路径、退单敏感阈值等，从而构建出"动态人格模型"。这种精细化的画像让平台能够更准确地把握用户需求，实现个性化推荐。

场景化推荐算法的进化也是关键技术之一。推荐系统已经从"协同过滤"迈入了"神经协同过滤"阶段。美团通过 LBS 数据识别用户所处场景，并在特定时段推送相关活动；Netflix 则利用观看时段数据为用户推荐合适内容；抖音更是通过面部识别与语音情绪分析，为用户提供情感上的精准推送。

此外，边缘计算的"零延迟"响应也极大地提升了用户体验。以海尔的"三翼鸟平台"为例，通过本地化 AI 芯片实现 200ms 级响应速度，能够无感地提前预测用户需求并提供服务。当传感器检测到用户连续三天在同一时间回家并洗澡时，系统会自动提前启动热水器并联动浴室暖风系统，为用户提供极致的舒适体验。

懒人经济的本质在于用户对时间和决策成本的重视。通过大数据与 AI 的深度应用，企业能够实现个性化推荐、场景化营销和即时响应服务，从而满足用户的懒人需求。这场由数据驱动的"懒人定制革命"正在改变我们的生活和消费方式，推动社会的不断进步和发展。

随着技术的进步和消费者需求的多样化，商业模式也正在经历一场深刻的变革。懒人经济作为这一变革的重要推手，正推动着企业从"标准化供给"向"细胞级定制"转变，以满足用户对个性化、便捷性和高效性的追求。

在商业模式重构方面，C2M（用户直连制造）模式的爆发是一大亮点。以服装品牌 Shein 为例，通过实时抓取 TikTok 等社交平台上的热门穿搭数据，Shein 能够迅速响应市场变化，形成从设计到上架仅需 7 天的极速供应链。其 AI 系统还能预测不同地区用户对袖长、腰围、图案等细节的偏好，从而实现"动态柔性生产"。这种模式不仅提升了用户体验感，还极大地提高了生产效率和营收，使 Shein 在 2023 年营收突破 300 亿美元。

订阅制服务的兴起也是懒人经济的重要体现。宠物品牌 PIDAN 推出"智能养猫订阅盒",通过猫砂盆重量传感器、摄像头行为分析等技术手段,自动计算猫咪的粮食消耗量与健康状态,并按月配送定制化主粮、玩具及保健品。这种"自动化投喂"模式不仅提高了用户留存率,还使客单价显著提升。

虚实融合的体验经济同样不容忽视。美妆品牌 Perfect Corp 结合 AR 试妆与肤质检测数据,为用户生成专属"虚拟妆容库"。当用户参加不同场景活动时,智能镜能够自动推荐适配的化妆品组合,并一键跳转购买页面。这种模式极大地提升了品牌转化率和用户黏性。

在典型案例方面,预制菜市场的精准口味爆破是一个典型。以广州酒家"大师菜"系列为例,该企业针对"85 后"家庭主妇既想呈现"手工菜"仪式感又受限于厨艺与时间的需求,通过分析大量菜品评论数据,联合粤菜名师开发预制菜包,并配备二维码视频教程。这种精准口味爆破的策略使该系列销售额在 2024 年突破 8 亿元,复购率高达 58%。

收纳师服务的"空间改造经济学"也是懒人经济下的一个成功案例。"留存道整理收纳学院"针对一线城市中产家庭物品多但空间利用率低的问题,采用 3D 扫描技术生成房屋立体模型,并结合家庭成员动线数据设计"懒人友好型"收纳方案。这种服务不仅满足了用户的个性化需求,还为企业带来了可观的收入来源。

懒人经济下的商业模式重构和典型案例都展示了企业如何通过技术创新和数据驱动来满足用户的个性化需求。这些成功案例不仅为企业带来了巨大的商业价值，还推动了整个社会向更加便捷、高效的方向发展。

全球化机遇：东南亚、非洲市场的懒人经济蓝海

在数字化与消费升级的双重驱动下，"懒人经济"正以前所未有的速度从发达国家的成熟市场向新兴经济体市场拓展。东南亚和非洲，凭借其独特的人口结构、日益普及的移动互联网以及中产阶级的迅速崛起，正成为懒人经济下一个充满潜力的爆发点。波士顿咨询公司的预测更是为这一趋势提供了有力的数据支撑：到 2030 年，东南亚和非洲的"懒人经济"市场规模将分别突破 1500 亿美元和 800 亿美元。

东南亚市场，作为这一全球性经济趋势的重要一环，展现出了其独特的市场特征。这里拥有庞大的年轻消费群体，6.5 亿的总人口中，30 岁以下的人口占比超过了 50%，形成了一个天然的高频消费市场。同时，随着智能手机和电子钱包的普及率不断攀升，数字基础设施的完善为懒人服务提供了坚实的基础支撑。更重要的是，东南亚的文化与"即时满足"紧密相连，外卖代购等懒人服务在这里得到了广泛的认可和接受。

在东南亚的懒人经济市场中，Gojek 是一个不得不提的典型案例。这家源自印尼的独角兽企业，以摩托车打车服务起步，逐步扩张成为一个涵盖外卖、快递、支付等 20 余项功能的"一站式懒人服务平台"。Gojek 的成功在于其精准的市场定位和创新的商业模式，它通过场景叠加、轻资产扩张和数据驱动定价等策略，有效降低了用户成本，提升了运营效率。如今，Gojek 的年交易额已超 120 亿美元，外卖业务更是贡献了其 60% 的营收，充分证明了"聚合式懒人服务"的巨大潜力。

除了 Gojek 这样的综合性平台，东南亚的"懒人经济"还涌现出了许多新兴赛道。预制菜和智能家居就是其中的两大亮点。新加坡的 dahmakan 公司通过中央厨房的标准化生产和高效配送网络，为忙碌的上班族提供了便捷的免烹饪套餐。而越南的 Sunhouse 品牌则通过推出语音控制电饭煲、自动扫地机器人等智能化产品，满足了当地消费者追求高品质生活的需求。这些成功案例不仅丰富了懒人经济的内涵，也为其他新兴经济体提供了宝贵的借鉴和启示。

在数字化与消费升级的浪潮下，非洲大陆也在经历一场深刻的经济变革。特别是在"懒人经济"领域，非洲正展现出其独特的市场特征和蓬勃的发展活力。

非洲的"懒人经济"发展，得益于移动支付的先行普及。肯尼亚的 M-Pesa 移动支付渗透率超过 90%，尼日利亚的 PalmPay 年交易量更是突破 300 亿美元，这些数字背后是非洲消费者对便捷支付方式的广泛接受和依赖。然而，与此同时，非洲的基础设施仍然是制约经济发展的一大瓶颈。高昂的物流成本占 GDP 的 18%，远超亚洲的 8%，成为非洲"懒人经济"发展亟待解决的问题。但也正是这样的挑战，孕育了巨大的机遇。

非洲电商巨头 Jumia 就是在这一背景下崛起的典型代表。通过"自建仓储 + 众包骑手"的创新模式，Jumia 成功破解了配送难题。在需求分层运营上，Jumia 根据不同地区的消费能力和需求特点，提供了差异化的服务。在大城市如拉各斯，Jumia 推出了 1 小时送达的生鲜配送服务，满足了城市居民对于即时满足的需求。而在农村地区，则推出了"每周集单"服务，通过降低履约成本来吸引消费者。同时，Jumia 还深入本土化产品矩阵，上线了预付水电费、手机充值等高频服务，极大地提高了用户的黏性和活跃度。如今，Jumia 的平台月活用户已突破 800 万，并在 2023 年首次实现盈利，这无疑是对 Jumia 模式最大的肯定。

除了 Jumia 这样的电商巨头，非洲的"懒人经济"还涌现出了许多创新模式。共享经济与社交裂变的结合就是其中之一。南非的 WumDrop 平台允许用户发起"拼单配送"，通过多人合买同一商超订单的方式免除运费，这种借助 Whats App 社群实现的裂变传播使得用户年均增长率达到 45%。而肯尼亚的 Kozima 平台则巧妙地利用了闲置劳动力，将家庭主妇转化为"社区代购员"，利用她们的空闲时间完成最后一公里的配送任务。这种既降低人力成本又创造灵活就业的模式为非洲的"懒人经济"注入了新的活力。

在全球经济格局中，东南亚和非洲作为新兴市场，其"懒人经济"蕴含着巨大的潜力。然而，要成功掘金这一领域，企业面临着诸多关键挑战，同时也需要制定有效的破局策略，并紧跟未来趋势。

关键挑战方面，支付习惯的分化是首要难题。东南亚地区，电子钱包 GrabPay 等备受欢迎，消费者习惯通过手机应用便捷地完成支付；而在非洲地区，USSD 短信支付占据主导地位，许多用户依赖这种方式进行交易。这就要求企业必须根据不同地区的支付偏好，定制化集成支付接口，以满足当地用户的支付需求。此外，政策风险也不容小觑。例如，印度尼西亚对外卖平台抽成率有严格限制，这会直接影响平台的盈利空间；尼日利亚要求外资电商本地持股不低于 30%，增加了企业的合规成本。

面对这些挑战，企业可以采取一系列破局策略。轻量级技术适配是关键之一。东南亚企业多采用低代码开发平台快速迭代 App 功能，以适应市场变化和用户需求；非洲创业者倾向开发轻量级 USSD 菜单服务非智能手机用户，扩大用户群体。同时，社区信任建设至关重要。尼日利亚生鲜平台 Farmcrowdy 通过"线下体验店 + 村长代言"的方式，深入当地社区，建立起与用户的信任关系，将用户留存率提升至 65%。

在将来，服务下沉化将成为重要趋势。越南母婴平台 Tiki 在农村开设"代购点"，由村民代理下单和暂存货品，成功覆盖 2000 个偏远村庄，拓展了市场边界。AI 赋能降本也是大势所趋。肯尼亚物流公司 Sendy 使用 AI 路径规划算法，优化配送路线，单车日均配送单量从 15 单提升至 22 单，人力成本下降 18%。

懒人经济是全球化与本地化共生的最佳试验场。东南亚和非洲市场的实践表明，企业不能简单地进行"模式复制"，而要深入洞察当地需求，进行技术适配和社区嵌入。只有深度理解"懒"背后的文化基因，才能在这场全球化竞赛中构建起自己的护城河。

伦理挑战：懒人经济是否加剧社会阶层分化

在当今时代，懒人经济借助技术革新和服务创新实现蓬勃发展，然而其背后却隐藏着对社会阶层的撕裂效应。

首先，从技术鸿沟来看，这种影响尤为显著。

硬件准入壁垒催生了"技术特权阶层"。脑机接口、智能家居等作为懒人经济的核心技术，价格不菲。例如，Neuralink 的植入式脑机接口单次手术费用高达 10 万美元，天津大学非侵入式设备的适配训练成本也超过 5 万元。如此高昂的成本，使得高收入群体能够优先通过这些技术增强认知效率，利用脑机接口加速信息处理，而普通消费者只能依赖传统的交互方式。这种"神经增强"能力的差异，在未来极有可能演变为阶层固化的新载体，进一步拉大不同阶层之间的差距。

数据垄断加剧了认知不平等。AI 管家的行为预测依赖于用户数据的积累。高净值用户由于智能设备使用频率高、场景丰富等特点，其数据价值会被算法优先学习，从而获得更精准的服务，比如提前配送生鲜、动态调整保险方案等。而低收入群体因数据量不足，往往被归类至标准化服务池，形成"数据贫困—服务低效"的恶性循环。这种差异不仅影响消费体验，还可能导致教育、就业等方面的机会不平等。

以某高端智能家居系统为例，它可以根据用户的生活习惯和偏好自动调节室内环境、提供个性化的饮食建议。但对于低收入家庭来说，可能根本无法负担这样的系统，他们只能依靠基本的电器设备维持生活。这种技术上的差距，使得不同阶层在获取信息、享受服务等方面存在巨大差异，进而影响到他们的生活质量和未来发展机会。

在懒人经济带来的技术变革浪潮中，硬件准入壁垒和数据垄断问题同样不容忽视。如果不能妥善解决这些问题，社会阶层的撕裂将进一步加剧，影响社会的公平与稳定。政府和企业应当共同努力，降低技术使用门槛，打破数据垄断，让更多人能够享受到技术进步带来的好处，促进社会的和谐发展。

其次，在懒人经济的影响下，劳动力市场产生了深刻的重构，呈现出服务者与被服务者之间的"二元对立"局面。

职业分层的马太效应愈发明显。懒人经济催生出两类极端化职业群体，高技能的"神经增强工程师"与低技能的"人力替代型岗位"形成鲜明对比。脑机接口算法训练师这样的职位，年薪高达80万元，但要求具备神经科学、计算机双学位背景，这使拥有相关高端技能的人才在就业市场上占据优势地位。而像某平台上的"代扔垃圾"服务者，日均处理200单，月收入却不足6000元。这种巨大的收入差距和技能要求差异，使劳动者难以跨越技能鸿沟，进一步加剧了"脑力劳动—体力劳动"的阶层割裂。高技能劳动者能够凭借其专业知识和技术能力获得高薪和良好的职业发展机会，而低技能劳动者则往往只能从事简单、重复且收入微薄的工作。

　　零工经济中存在着"系统性剥削"。以某头部家政平台为例，其采用"算法派单＋动态定价"模式。在该模式下，为高收入社区提供收纳整理师的时薪高达 300 元，而普通保洁员的时薪仅 40 元。平台通过用户画像将劳动者锁定在特定服务圈层，这无疑限制了劳动者的职业上升空间。同时，这种模式还将消费能力差异转化为薪酬歧视，高收入社区的居民能够享受更高价、更优质的服务，而普通劳动者却只能在低收入岗位上徘徊。这种"系统性剥削"不仅影响了劳动者的收入和生活质量，也加剧了社会的不公平和不稳定。

　　例如，一些外卖骑手为了提高收入，不得不长时间工作，甚至牺牲自己的休息时间和健康。他们面临着高强度的工作压力和不稳定的收入来源，却难以获得更好的职业发展机会。而一些高端家政服务人员能够凭借自己的专业技能和服务质量获得较高的收入和社会认可。

　　在懒人经济带来的劳动力市场重构中，职业分层的马太效应和零工经济中的"系统性剥削"问题亟待解决。政府和社会应加强对劳动者权益的保护，促进劳动力市场的公平与健康发展，缩小不同职业群体之间的差距，让更多的人能够共享经济发展的成果。

　　再次，在懒人经济的发展进程中，消费能力的分化日益凸显，呈现出从"生存权"到"懒人权"的异化现象。

　　服务可及性的阶层区隔愈发明显。高端懒人服务呈现出"会员制俱乐部化"趋势。例如，某平台推出的"白金级外卖"，由营养师定制"脑力增强套餐"，日均消费高达 300 元，还提供 Omega-3 脂肪酸配比监测、餐后认知效能报告等增值服务。而"无人便利店歧视定价"则通过人脸识别技术对高消费频次用户隐藏低价商品，动态推送高端进口食品。这些策略使得基础生活服务逐渐异化为身份象征，低收入群体的"便捷权"被无情剥夺。高收入者能够轻松享受各种高端服务，而低收入者却只能望而却步，甚至连基本的服务都难以获得保障。

最后，时间资源配置方面存在着隐性不公。

高收入者通过购买服务节省下来的时间可以用于自我增值，如参加在线课程、进行商务社交等，进一步提升自己的竞争力和财富积累能力。而低收入者为了支付服务溢价，不得不延长工作时间。以代驾服务为例，企业高管使用代驾年均可节省150小时，相当于多获得2个月有效工作时长，他们可以利用这些时间拓展人脉、学习新知识。相反，网约车司机为支付同类服务，需额外工作200小时，陷入了一种"时间循环陷阱"。这种差异进一步拉大了阶层差距，使低收入者难以摆脱困境。

例如，某智能家居品牌推出"NeuroHome"脑控系统，采用"硬件免费＋数据订阅"模式，铂金用户（年费12万元）能获取睡眠脑波优化、压力激素调节等独家功能，使工作效率提升23%；而基础用户（年费1.2万元）因功能残缺反而增加手动干预频次。该企业通过制造"功能差序格局"，将技术优势转化为阶层划分工具。

"懒猫生活"家政平台将劳动者划分为4个等级，L4级（收纳规划师）服务豪宅客户，月均收入4万元；L1级（日常保洁员）无技能认证，平台抽成比例达35%，月均收入仅4500元。这种体系通过人为制造职业天花板，使低收入劳动者无法突破服务边界，固化了"底层服务者"身份。

总之，懒人经济带来的消费能力分化问题亟待引起重视，需要政府和社会共同努力，促进公平与和谐。

面对懒人经济带来的一系列问题，我们需要积极探索破局路径，构建一个"负责任"的懒人经济生态。

技术普惠化改造是关键一步。政府应联合企业推出脑机接口公共租赁服务，通过"算力换接入"的方式降低使用门槛，让更多的人能够享受到先进技术带来的好处。同时，有关部门要进行反数据歧视立法，强制要求算法保留 10% 的"普惠服务通道"，避免长尾用户被边缘化。这样不仅能提高技术的普及程度，还能保障不同阶层的用户都能获得基本的技术服务，缩小因技术差异导致的阶层差距。

劳动力价值重估也至关重要。建立家政、维修等领域的区块链技能档案，破除平台用工壁垒，实现技能认证跨平台流通。当 AI 接管部分标准化服务时，应建立人机协作分成机制，让劳动者能够从个性化工作中获得合理收益。例如，当 AI 完成 70% 的标准化服务时，剩余 30% 的个性化工作收益可全归劳动者所有。这样既能激励劳动者提升自身技能，又能保障他们在技术进步背景下的合法权益。

消费伦理的重构同样不可或缺。对单价超过 500 元的高端服务征收 20% 社会公平基金，以调节消费能力分化带来的不公平。同时，建立"时间银行"互助体系，高收入者购买的服务时间可折算为公益教学时长，用于反哺社区技能培训。这有助于促进社会的共同进步，让更多人有机会提升自己的能力和素质。

懒人经济面临的终极拷问是"人如何定义人的价值"。当技术将人类从重复劳动中解放时，我们不能让其异化为阶层分化的加速器。未来的商业竞争不应仅仅关注"谁能提供更懒的解决方案",更要思考"如何让技术进步成为社会流动的阶梯"。从脑机接口的普惠化到零工劳动者的权益保障,构建"有温度的懒人经济",本质上是将效率追求重新锚定在人的全面发展之上。只有这样,我们才能真正实现技术革命留给商业文明的命题,让"懒人经济"造福于全体人民,而非加剧社会的不平等。